10 20 30 40 50 60 70 80 90 100

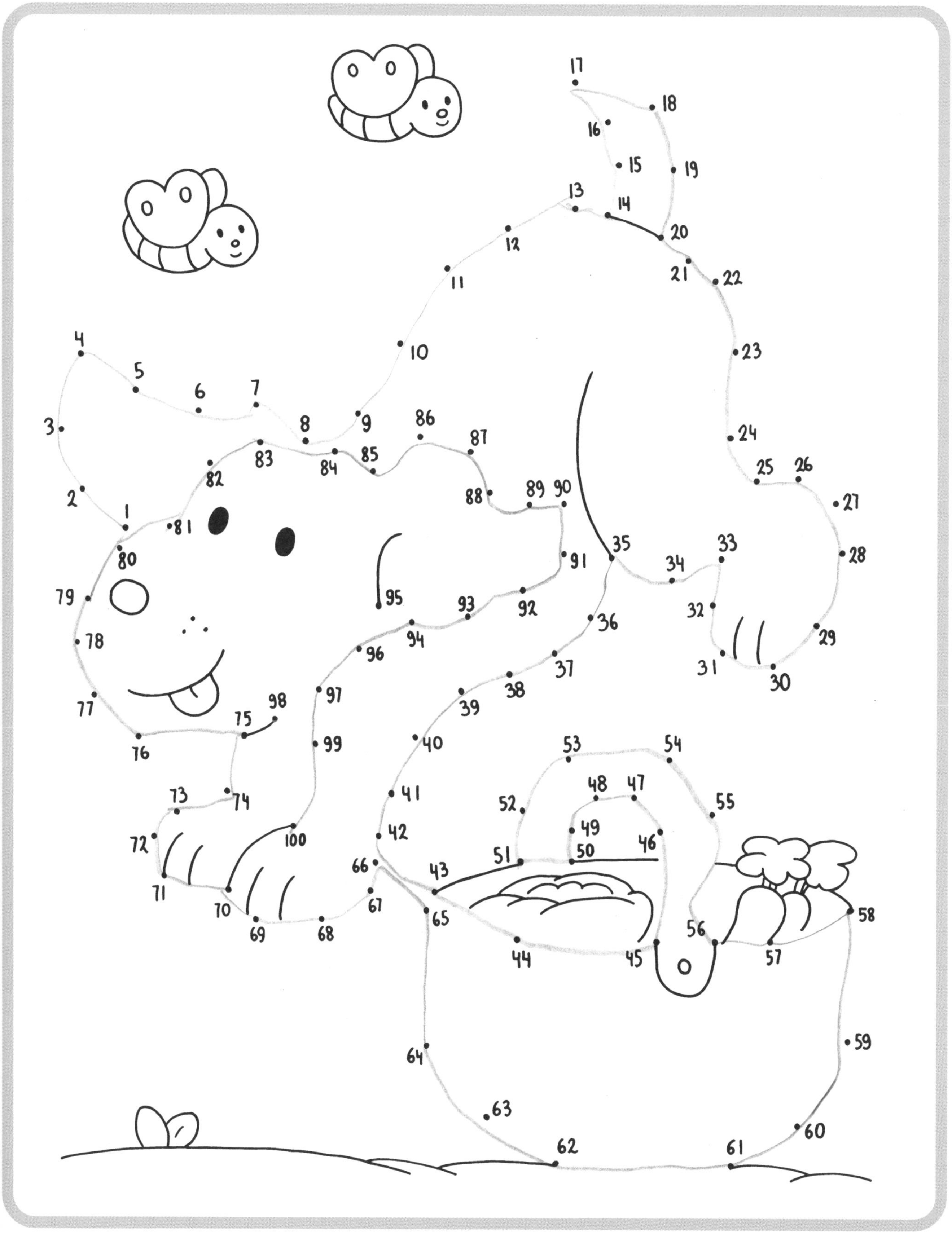

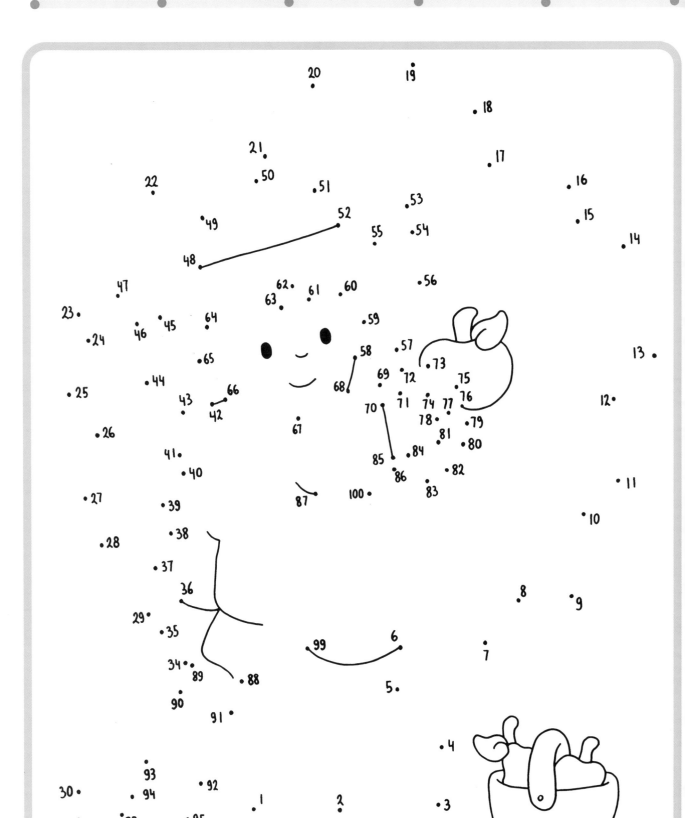

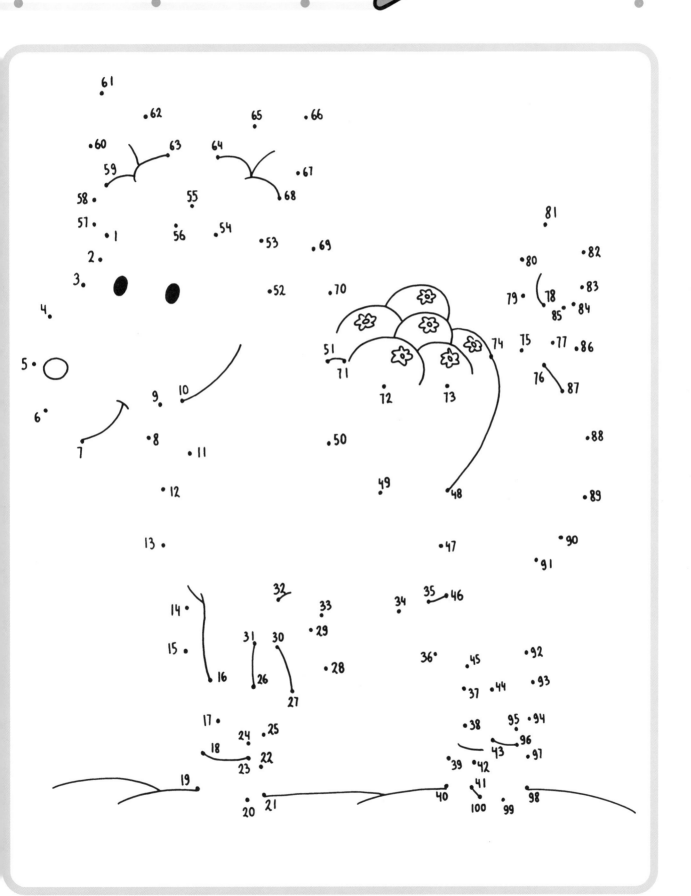

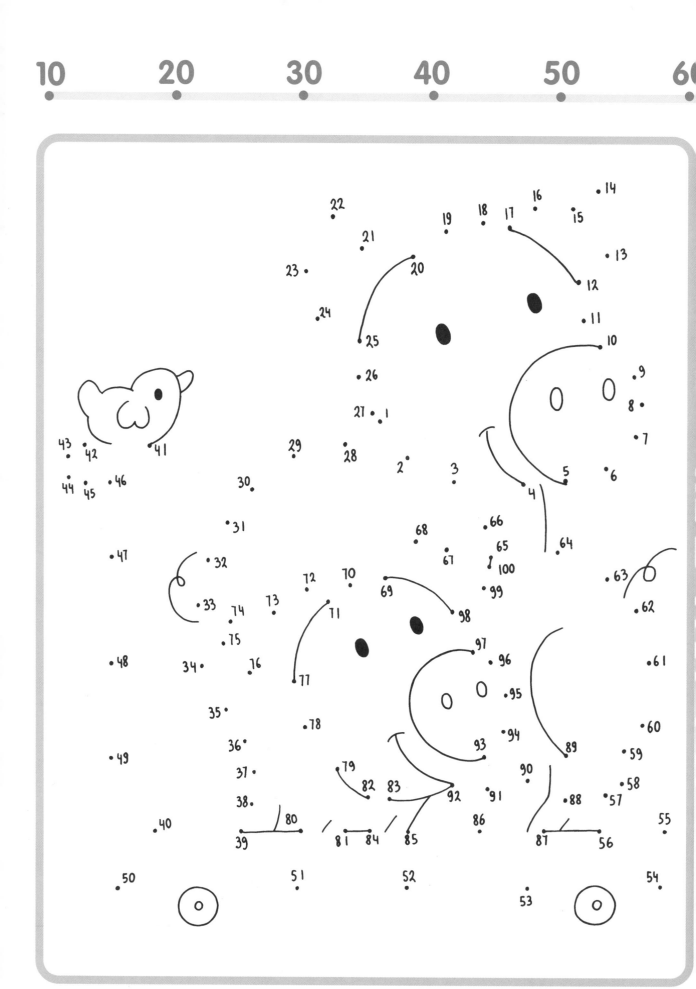

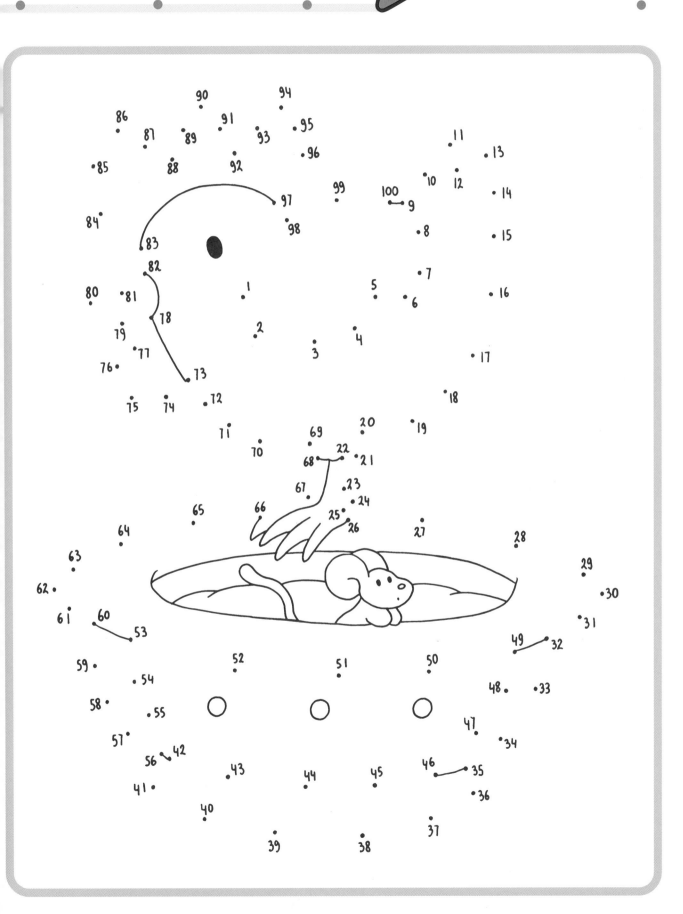

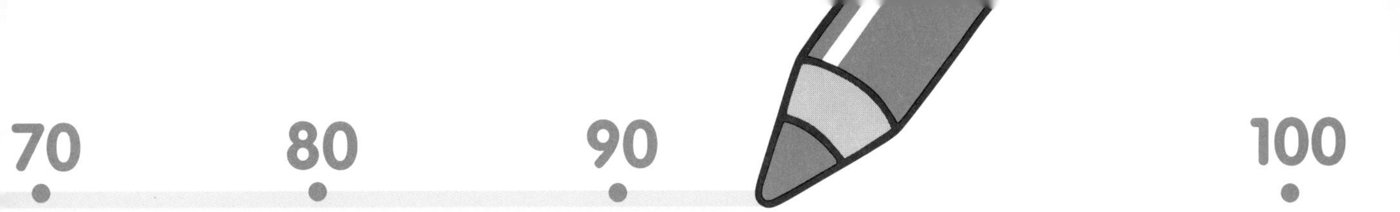

70   80   90   100

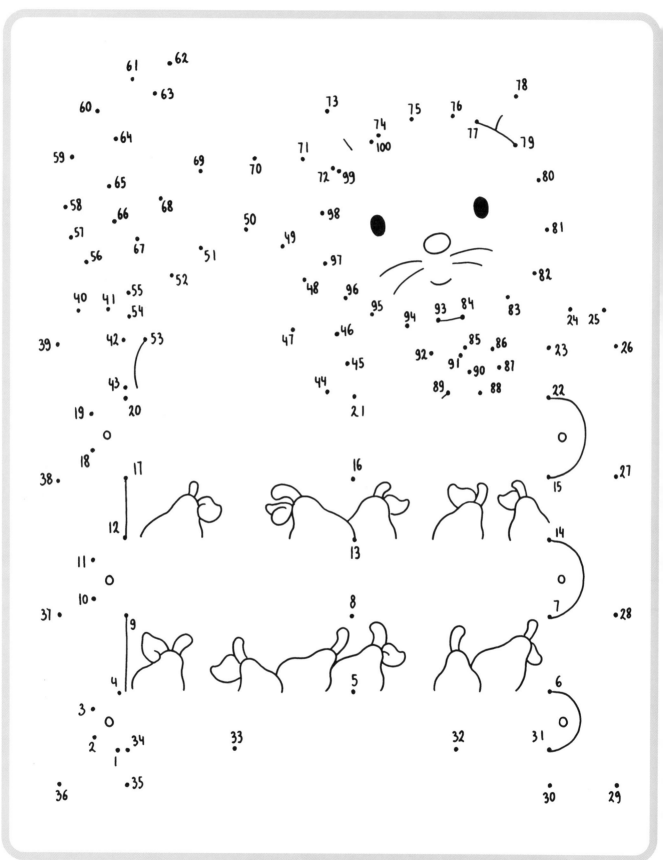

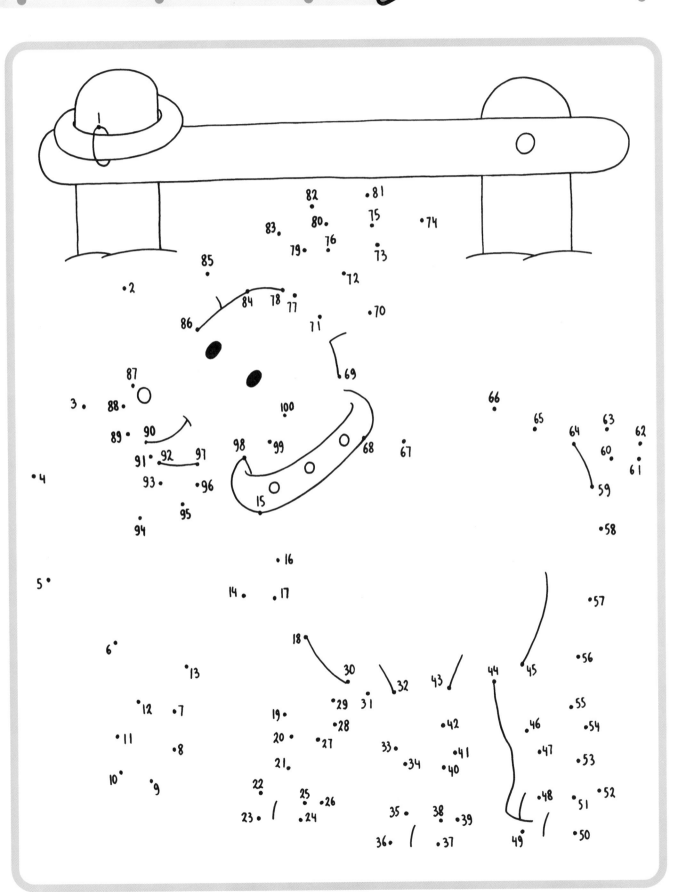

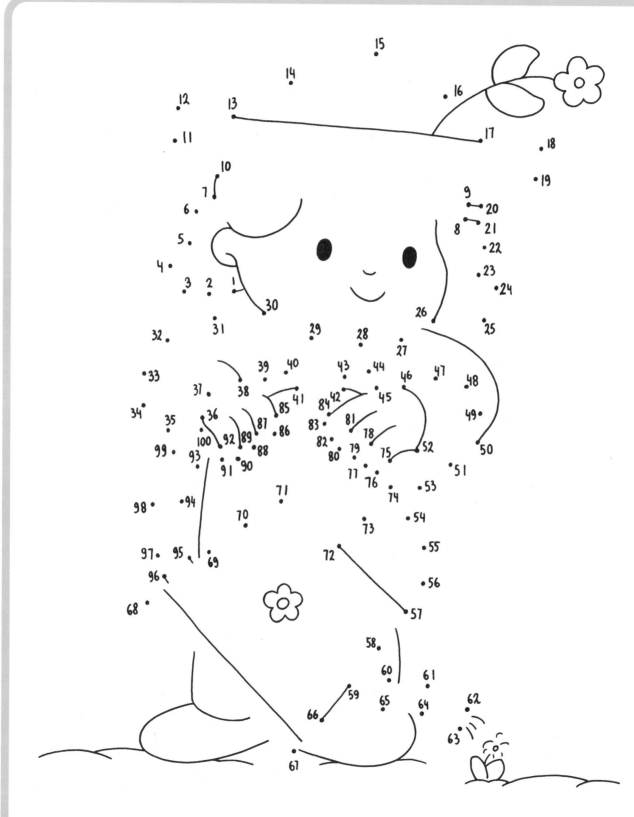

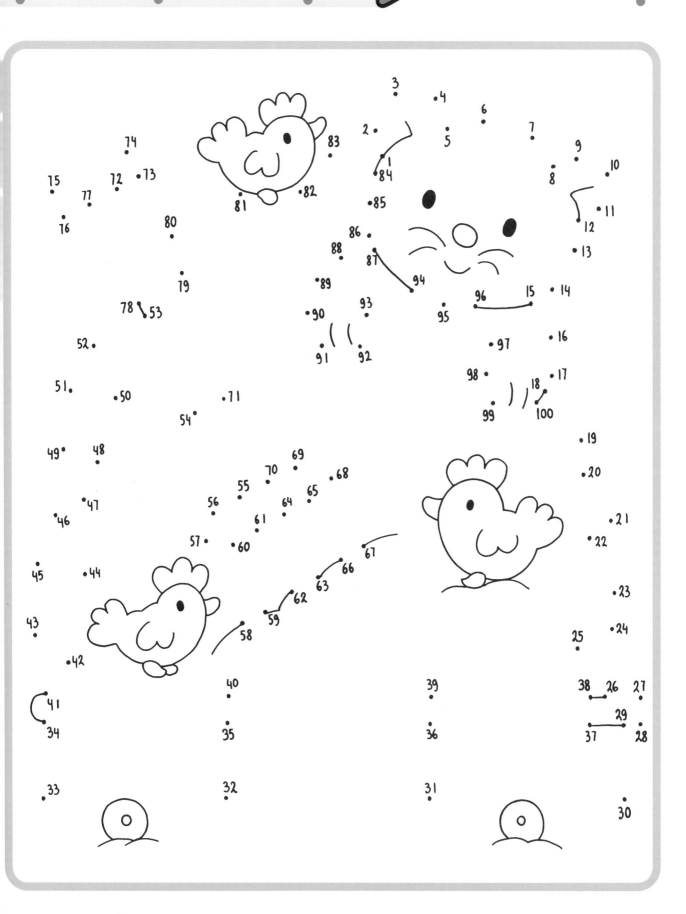

66

69

63

68

39   40

64

41

70

65

67

72

37

62

38   42

71   73

33   36

75   74

34

32   61

30   29   35   43

76   77

28   44

31   27   45   46   60   78

24   23   47   59   19

26   48   81

22   80

21   49

25   58

51   82

20   55

50   83

52   54   57

19   56

53   84

9   10   18   85   91   92

17   86

15   90   93

8   11   16   87

89   94   95

6   7   12   13   14   88   96

5   97

4   2   99   98

3

1   100

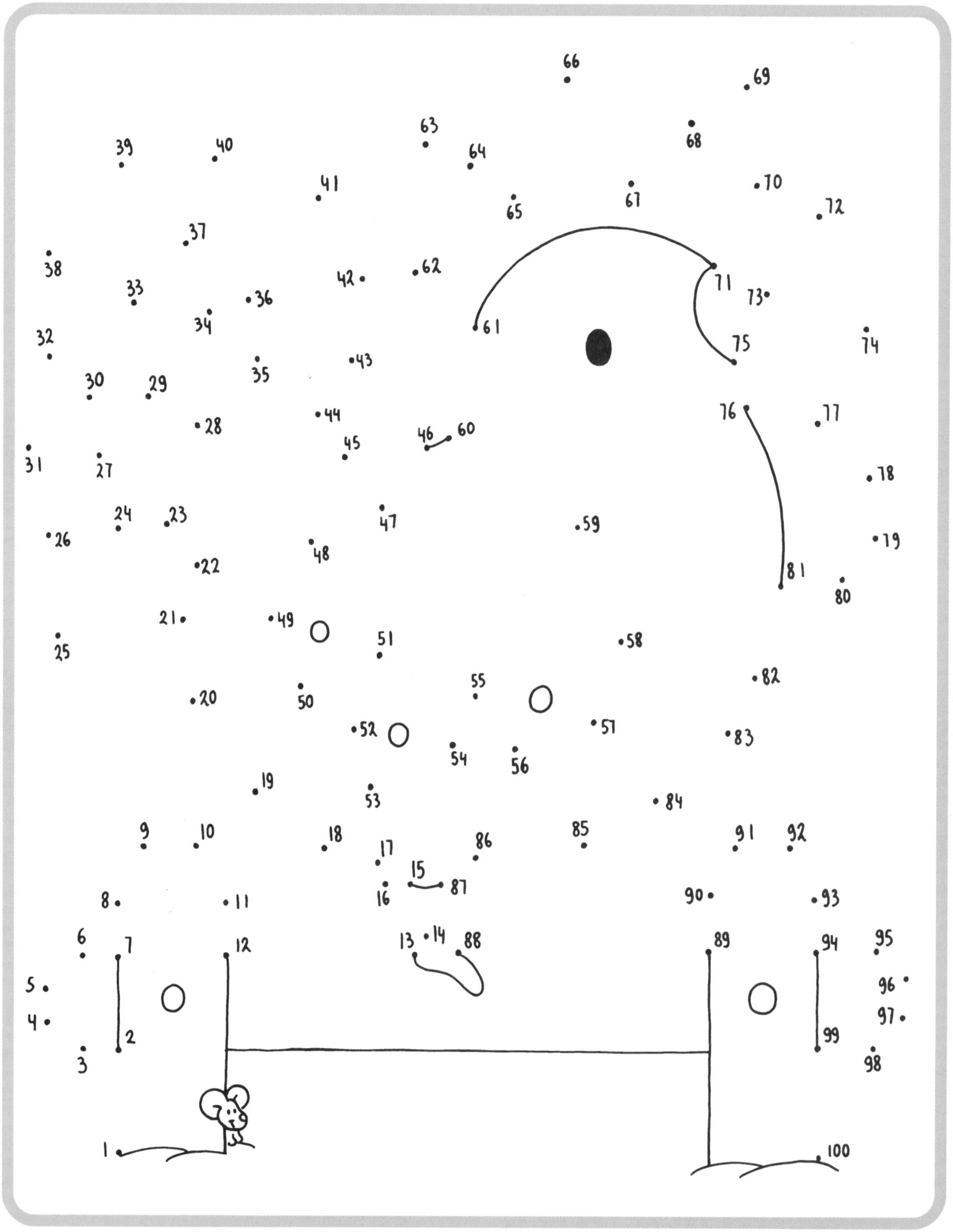

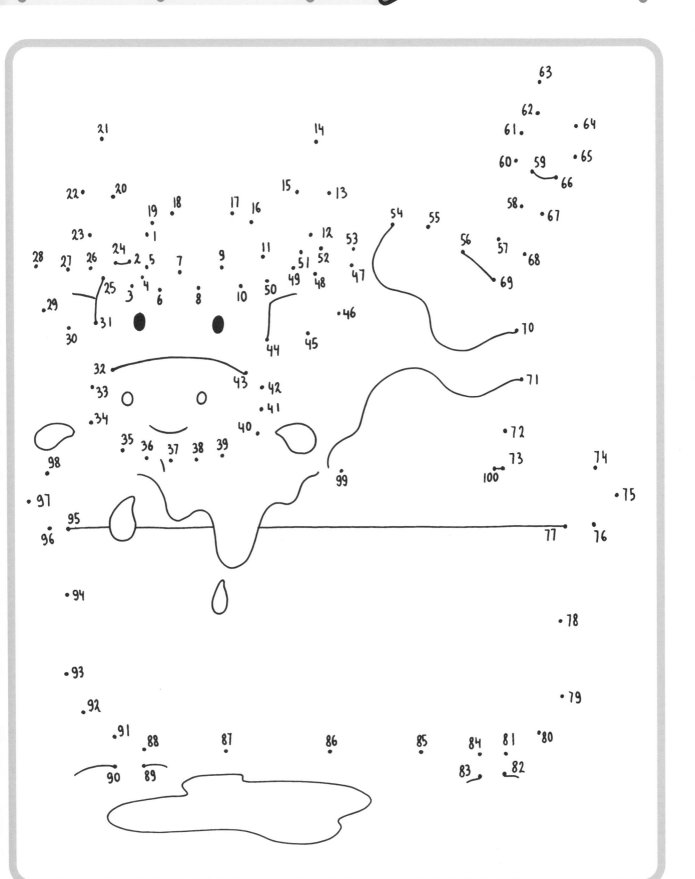

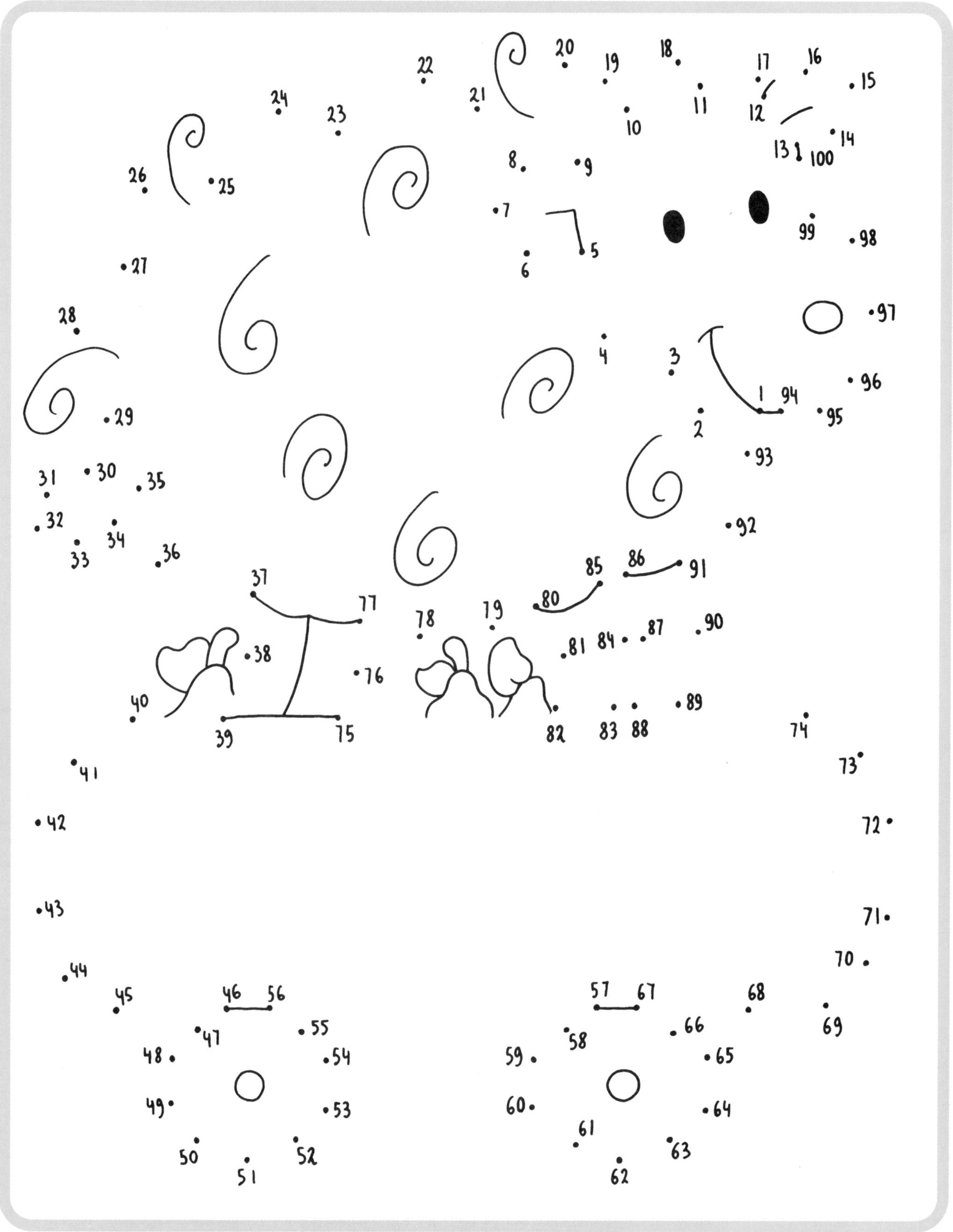

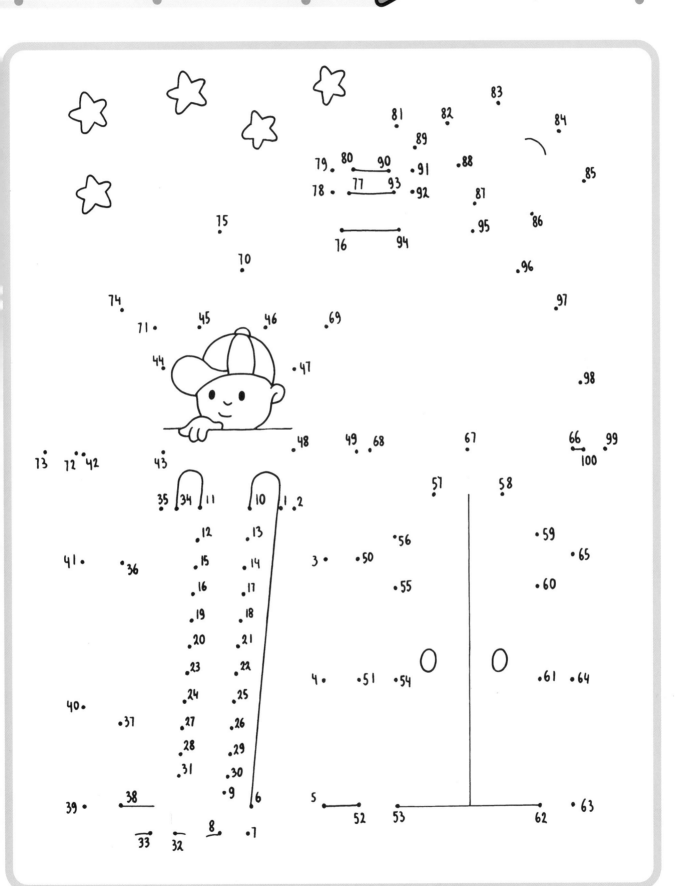

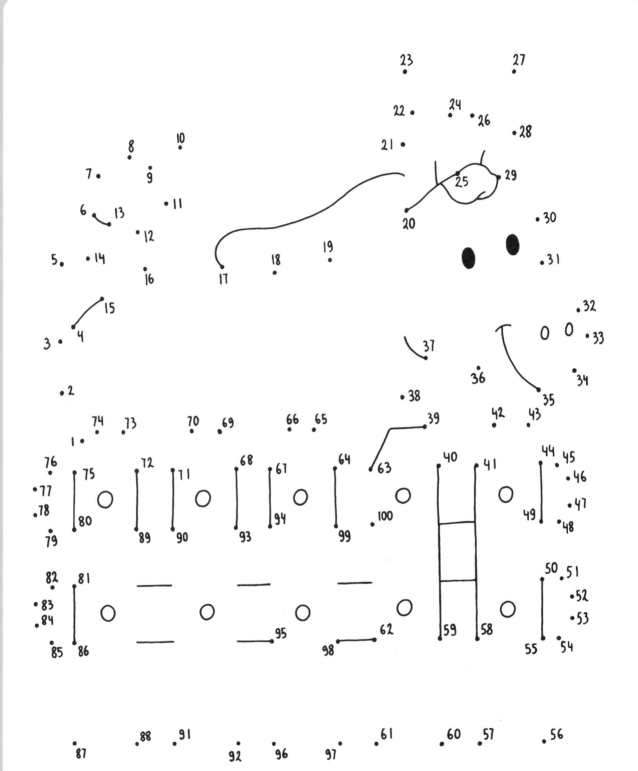

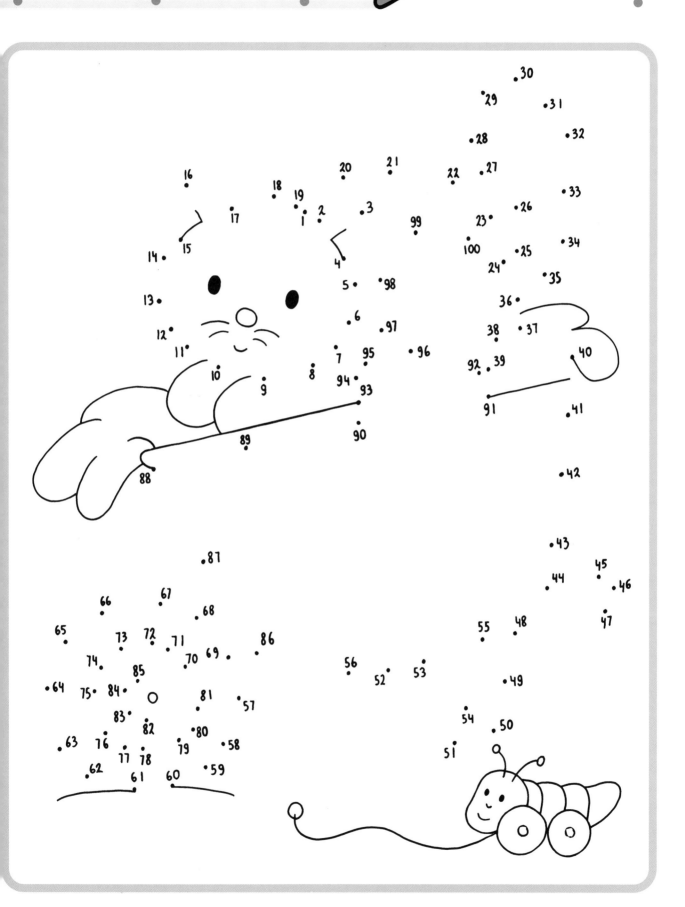

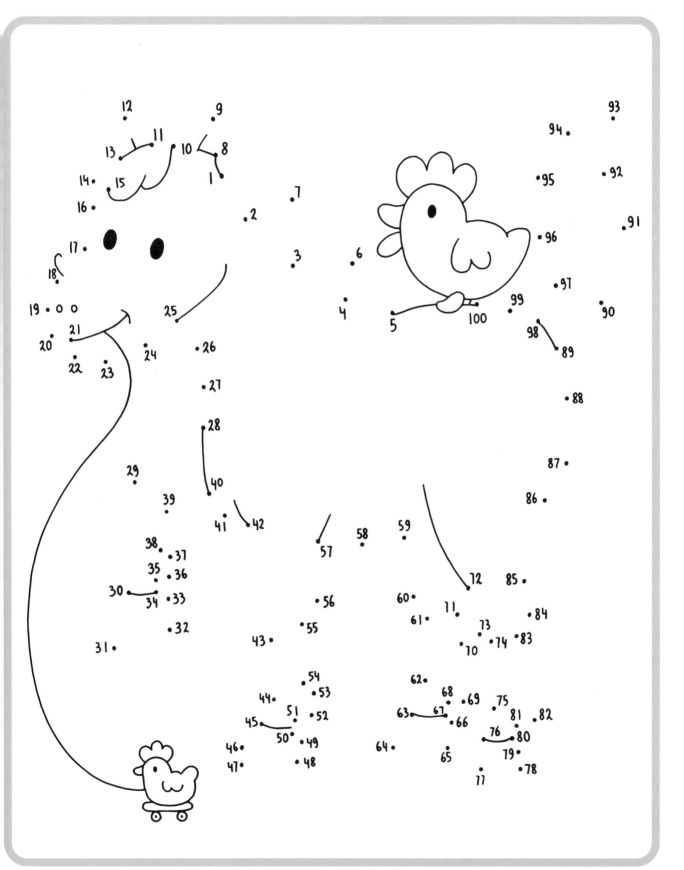

10 20 30 40 50 60

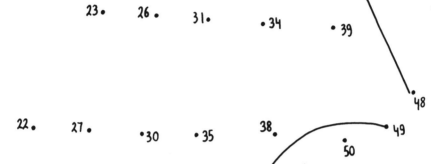

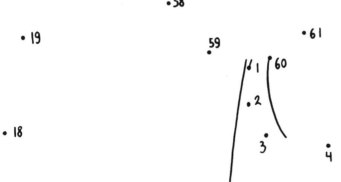

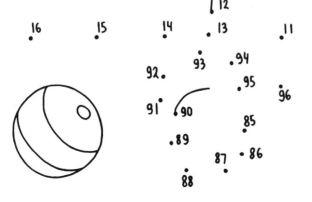

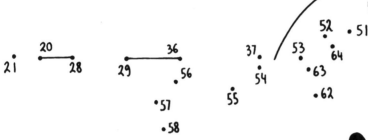

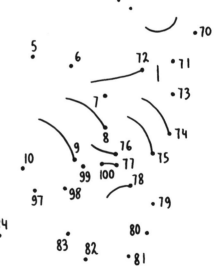

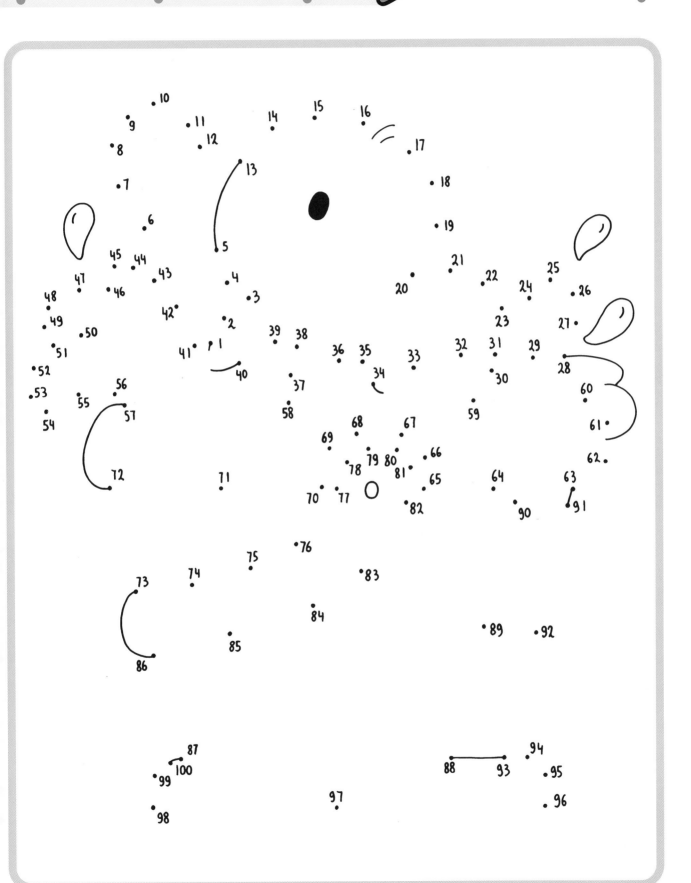

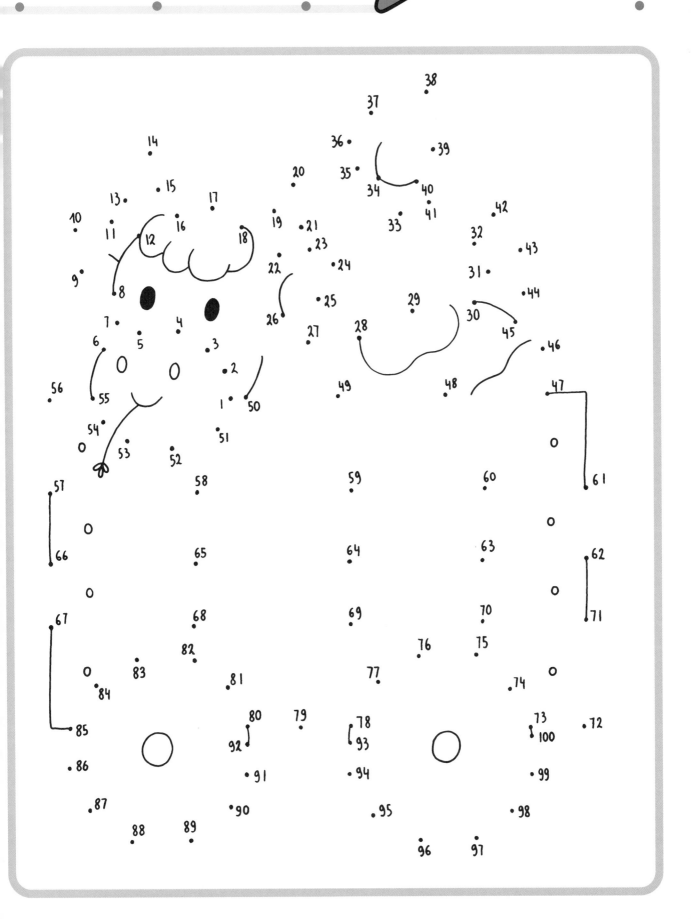

64
65
60
59
61   63   66   68   69
58
70
62   67   71
55   56   57
72
54   53   73

46
48   50
47   51   52   74
45   49   75
82   76
41   42
40   43   44   81   77
39   83   78
38   80
79
84

37

2   1   85
36   28   27   18   17   16

35   29   26   19   15   3   86
34   14   4   87   88
25   5   89
99   100   24   23   20   13   90
33   30   12   91
21   11   10   6   92
98   22   7
32   31   9   8   93
97
96   95   94

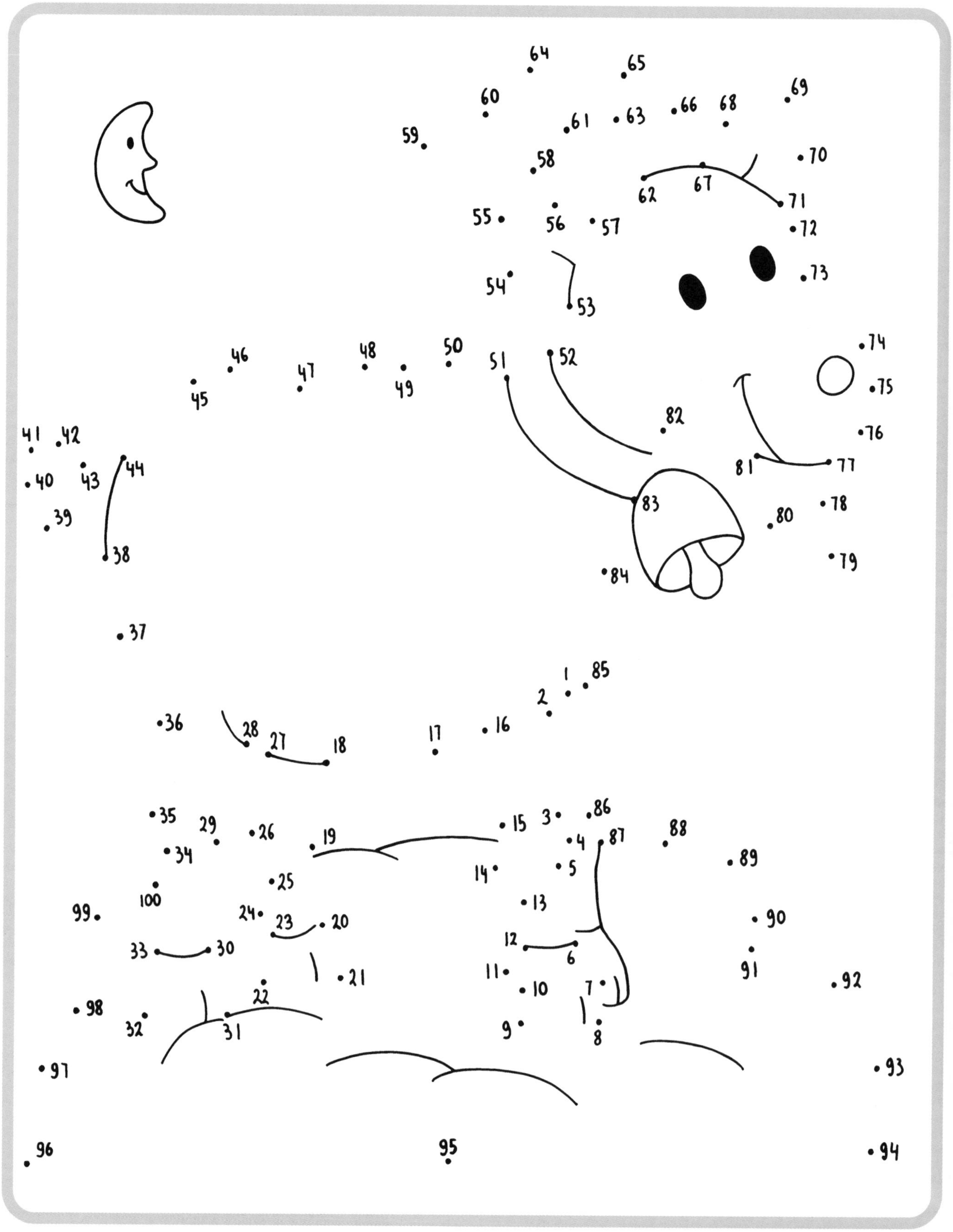

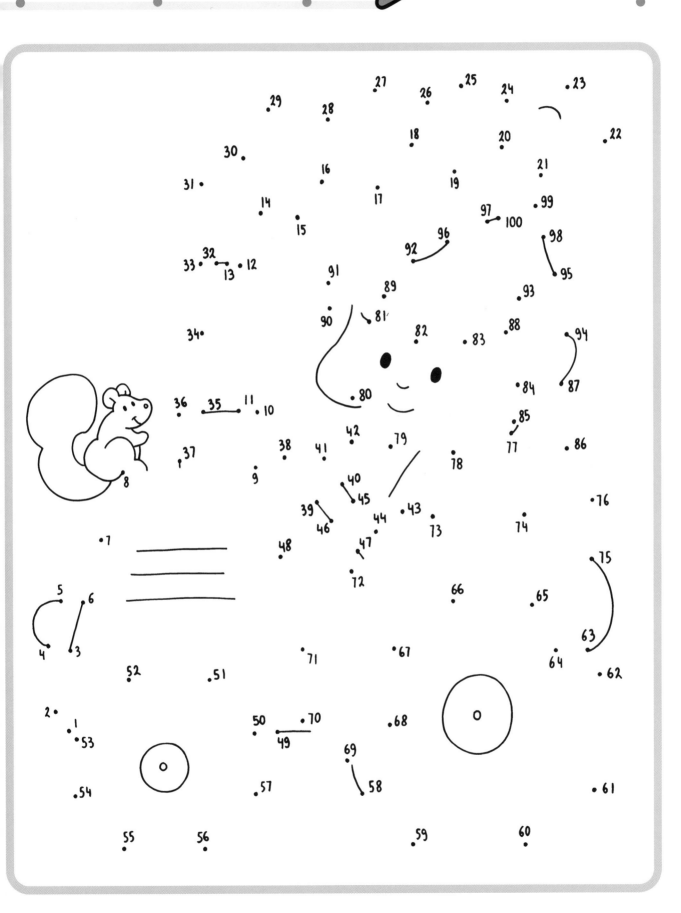

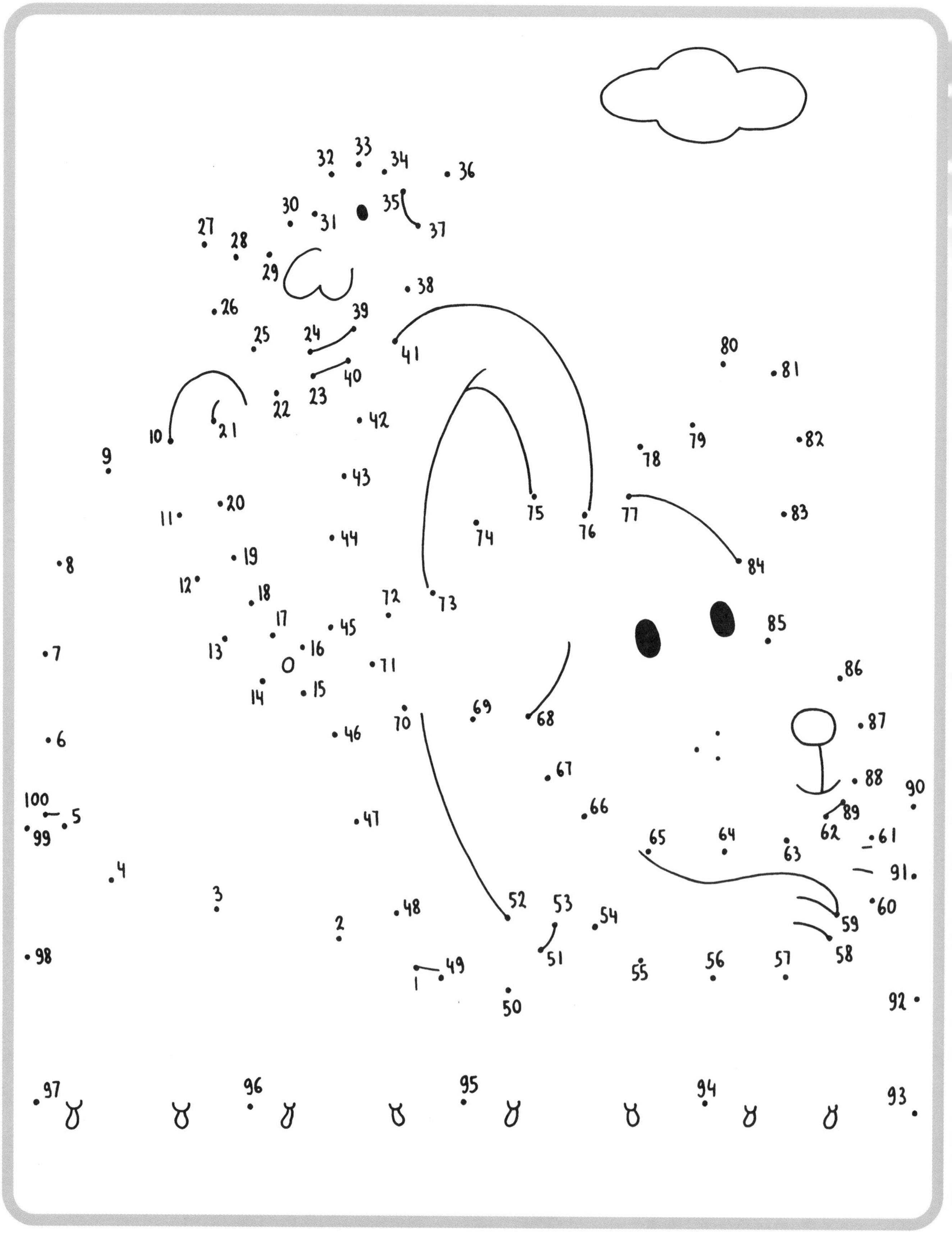

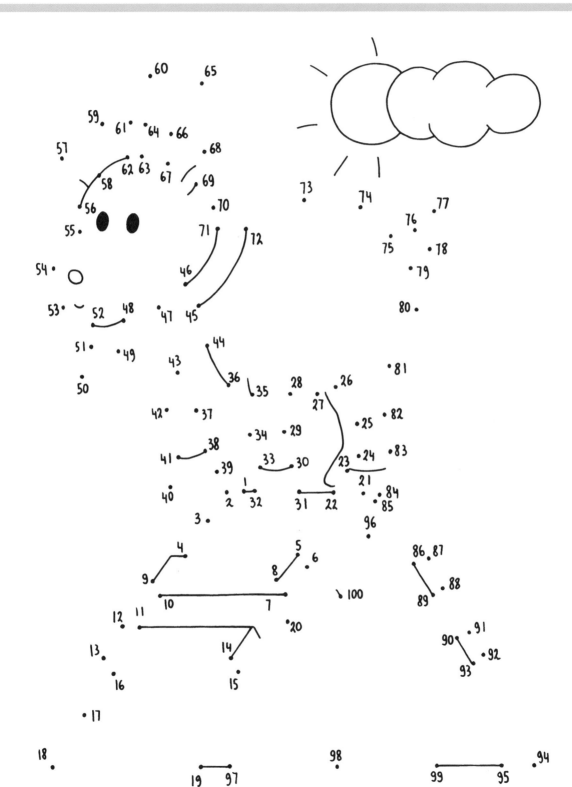

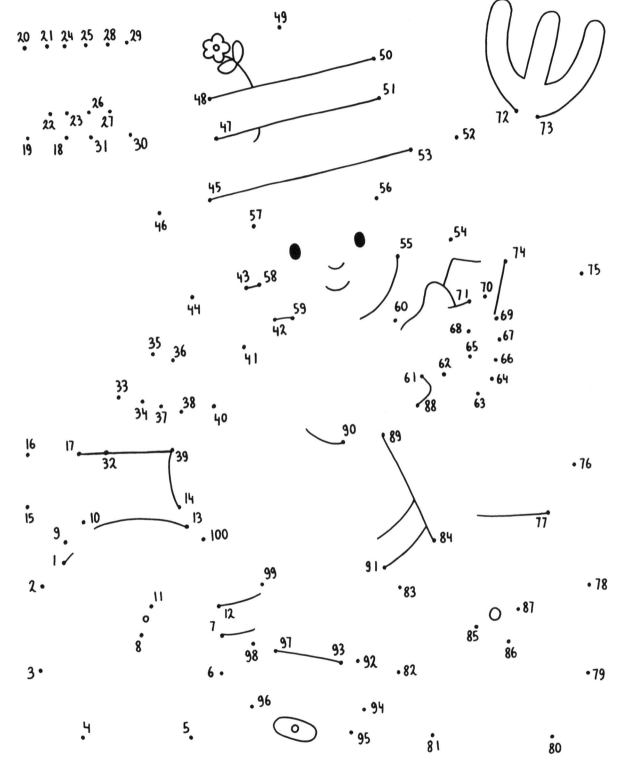

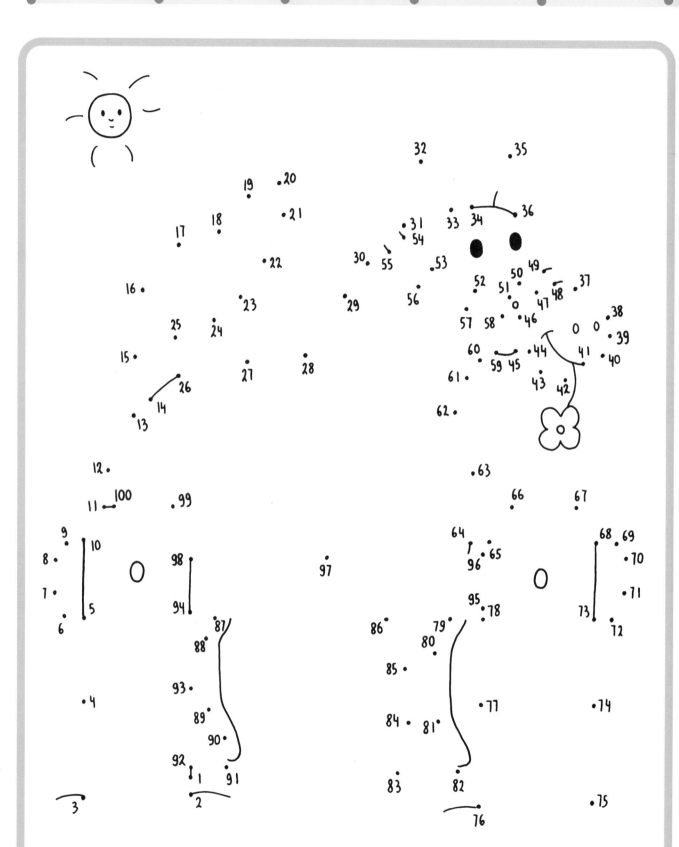

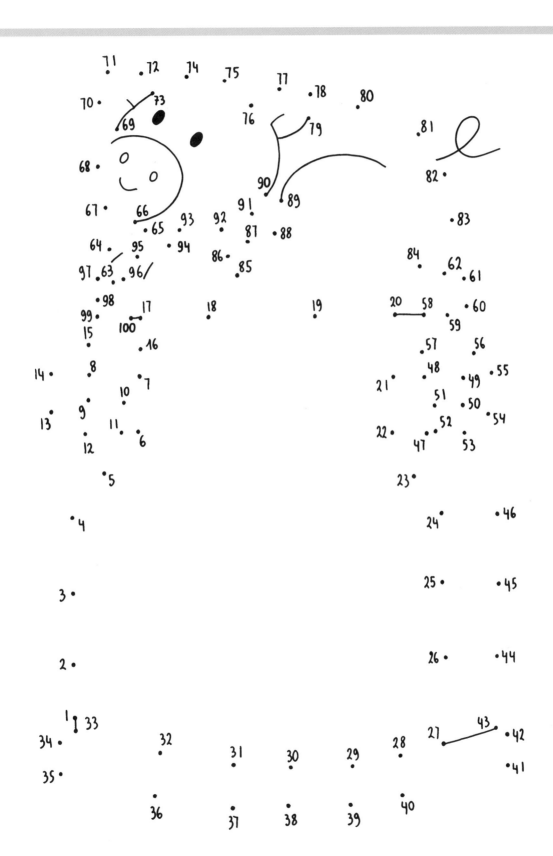

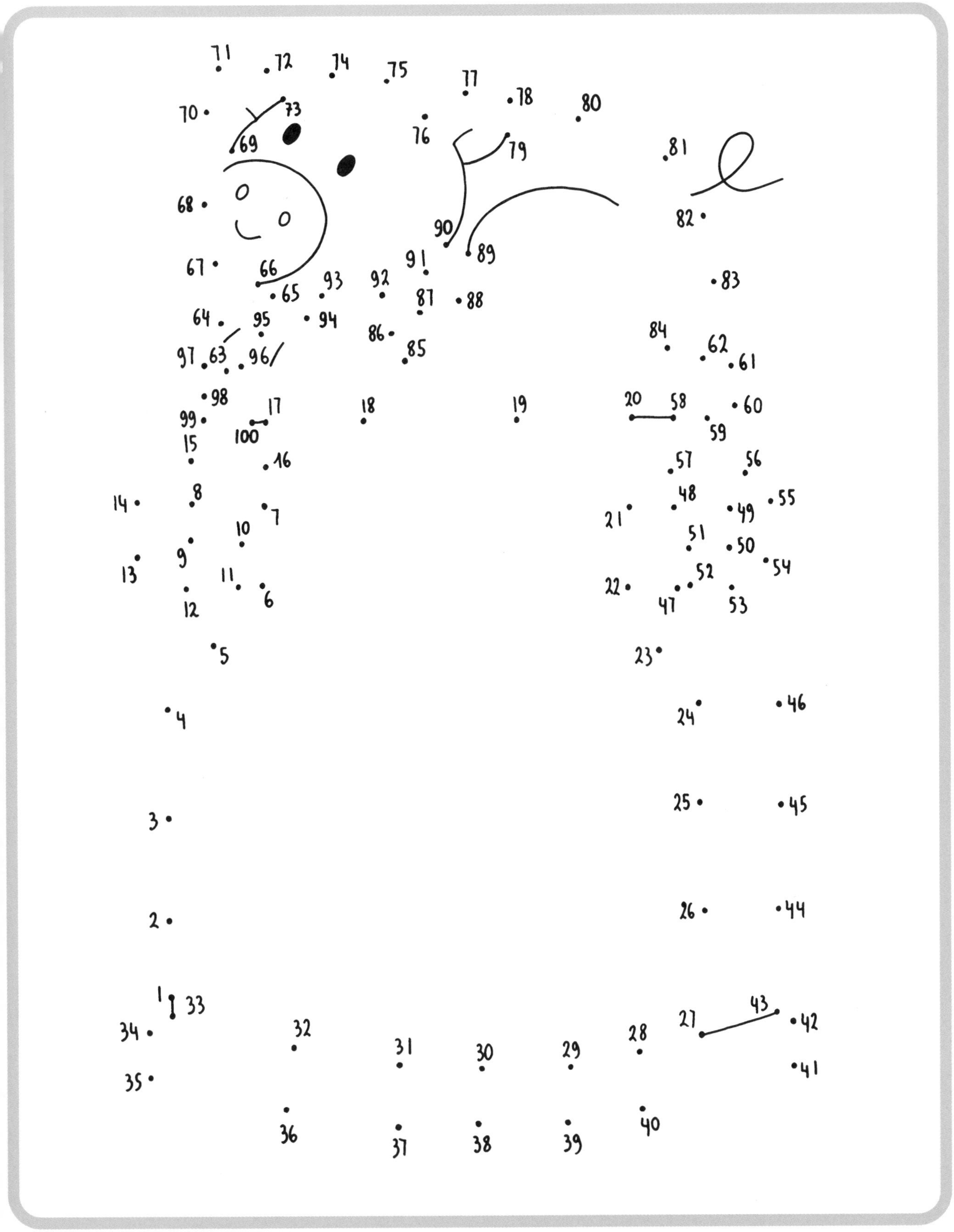

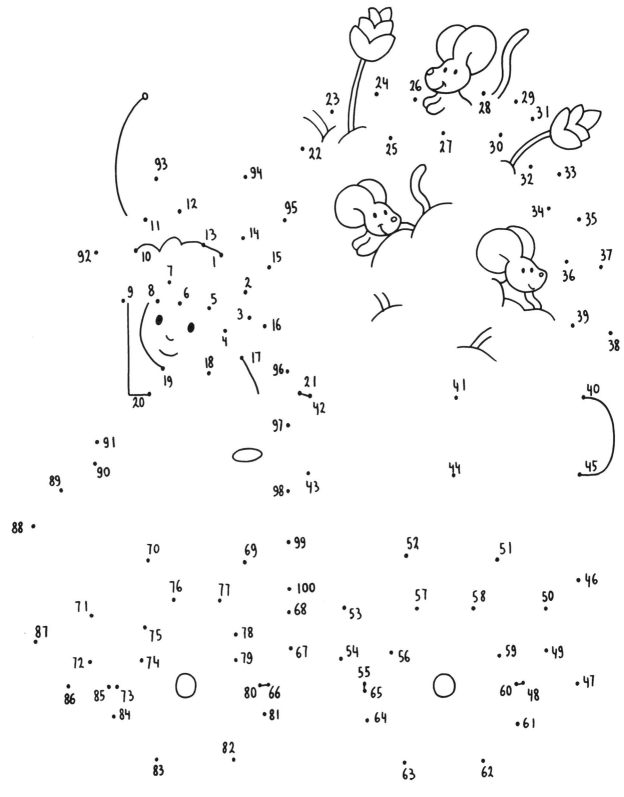

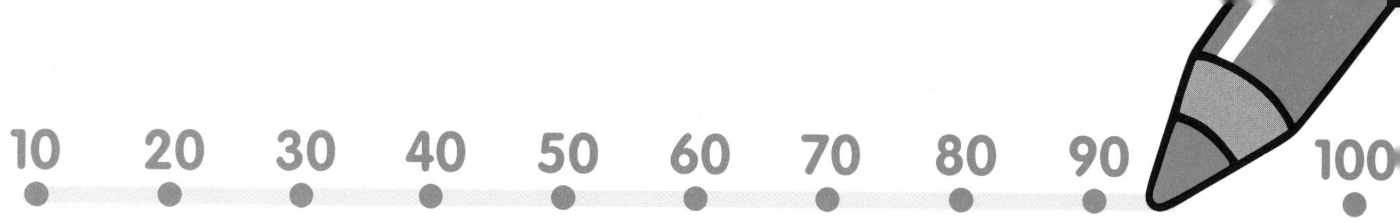

10 20 30 40 50 60 70 80 90 100

10 20 30 40 50 60 70 80 90 100

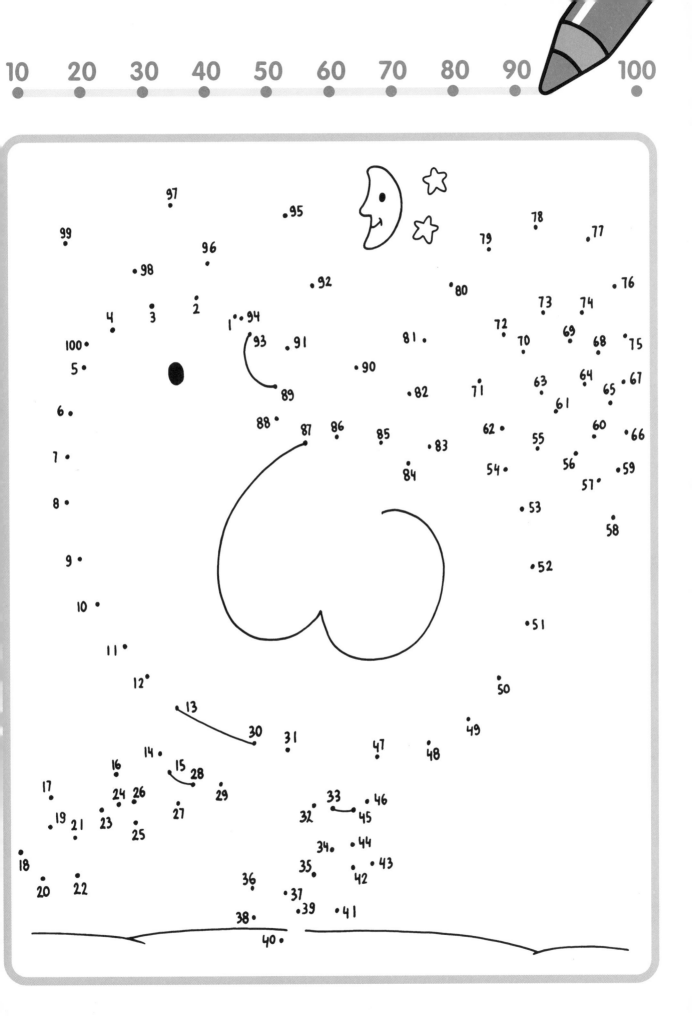

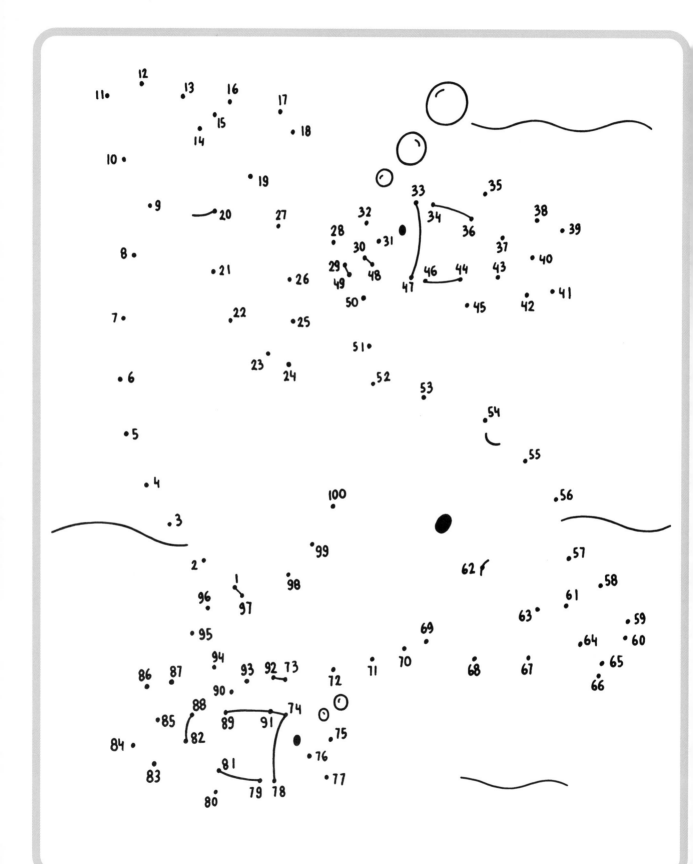

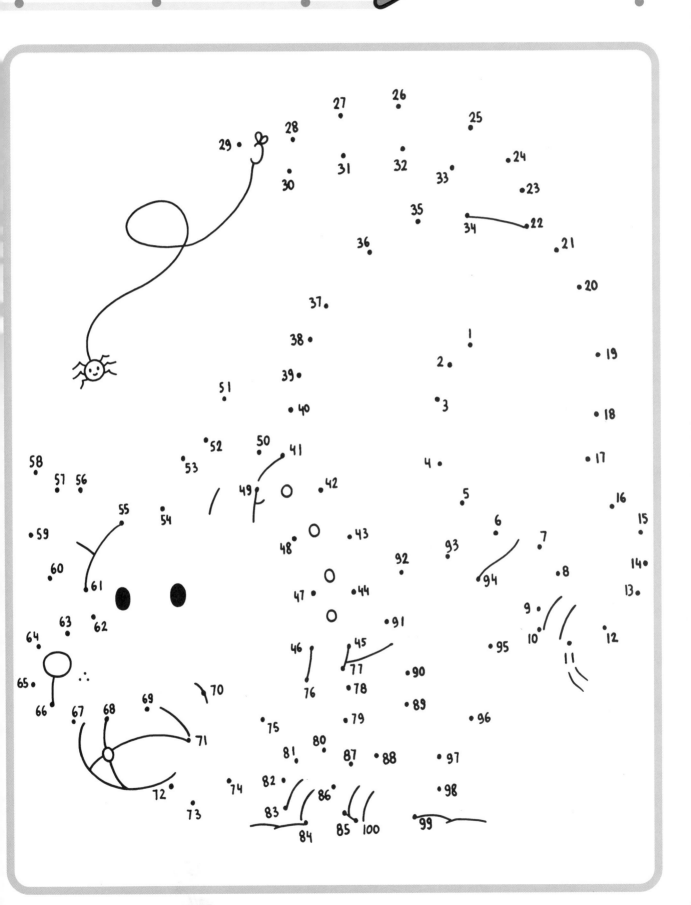

10 20 30 40 50 60

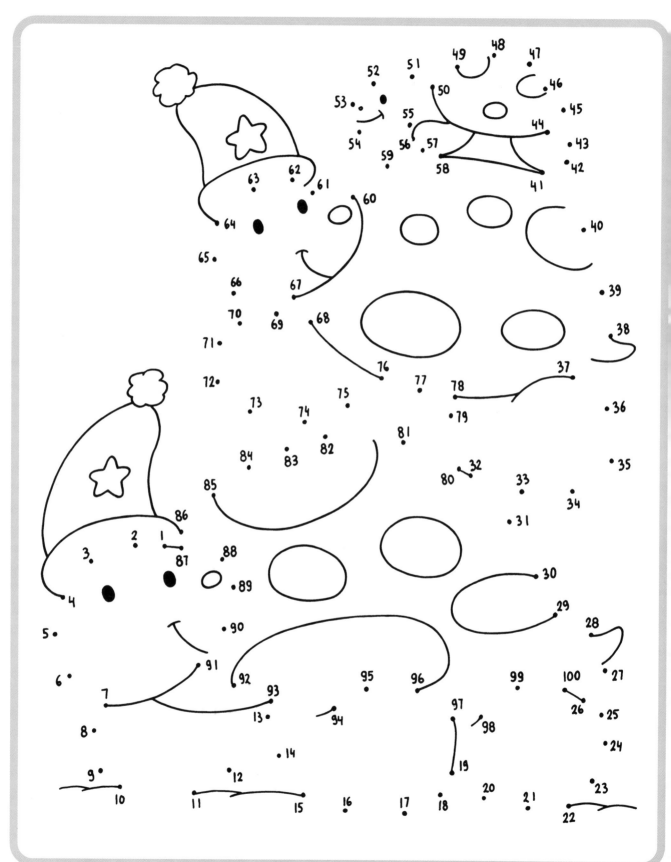

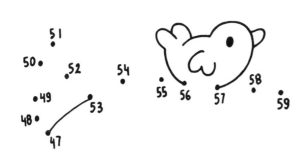

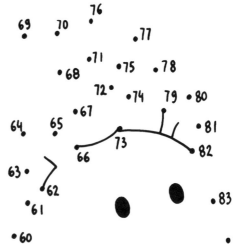

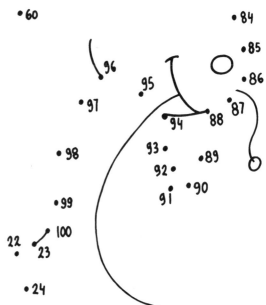

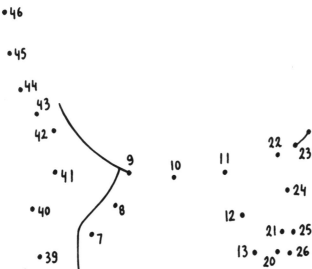

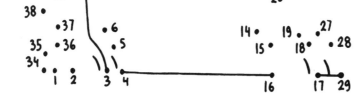

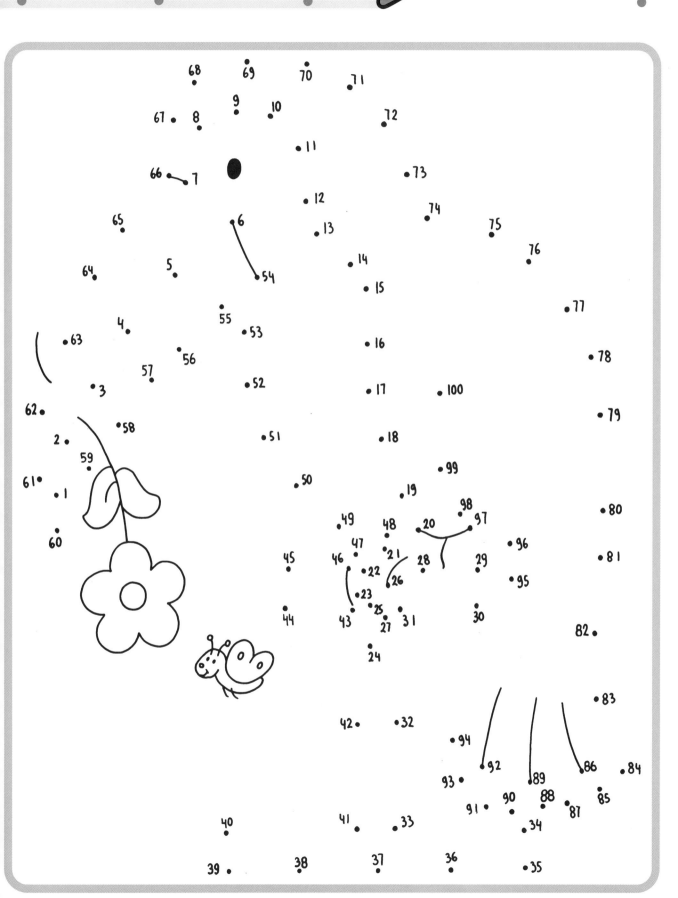

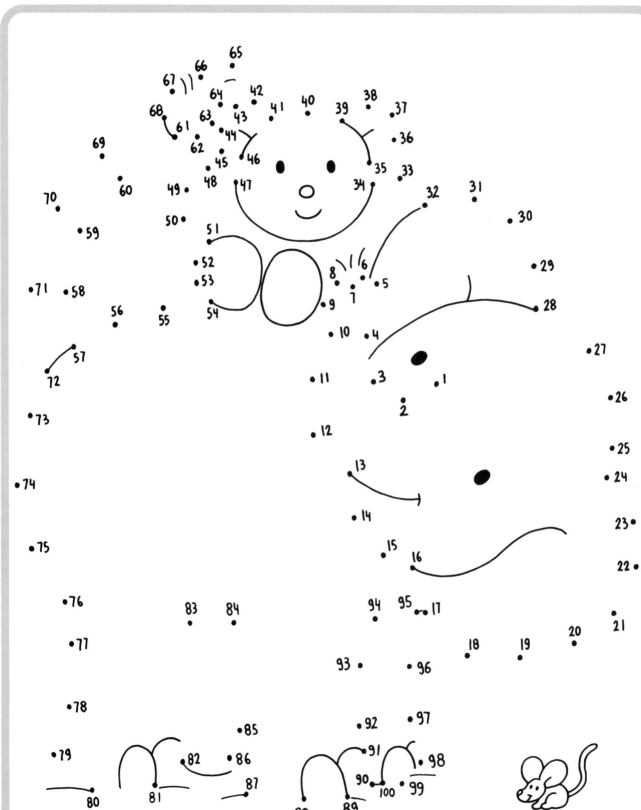

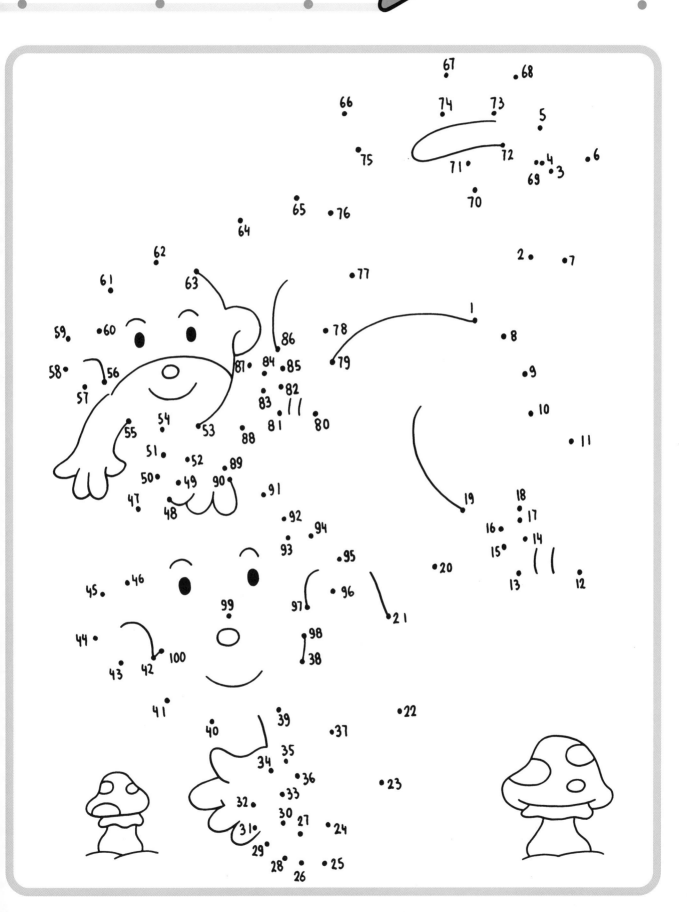

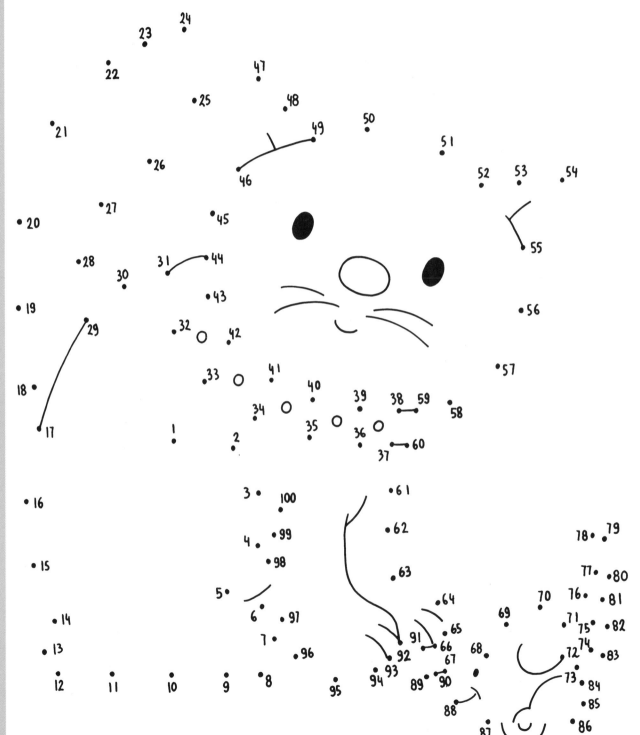

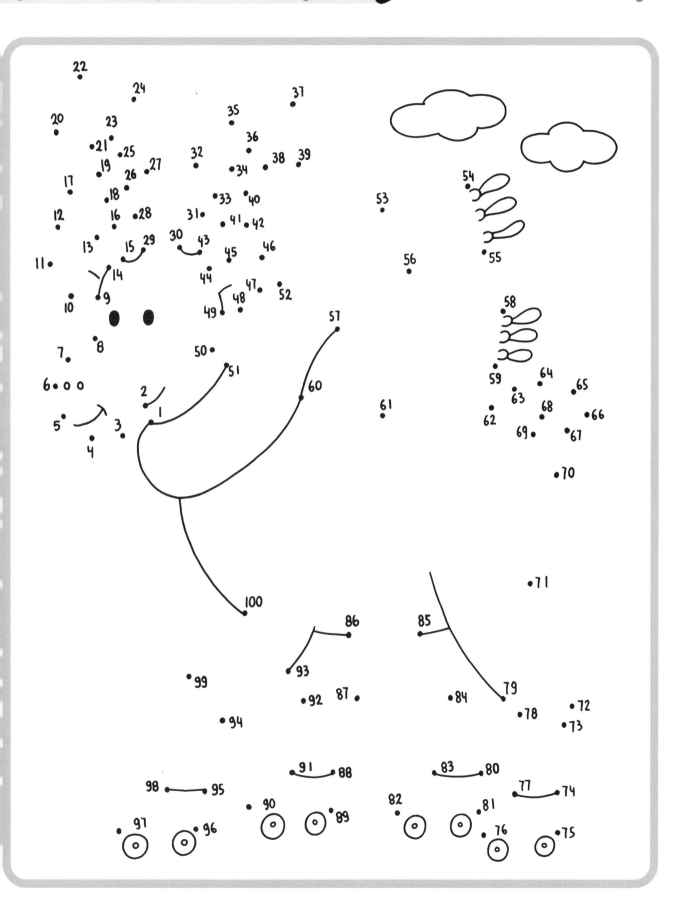

70   80   90   100

10 20 30 40 50 60

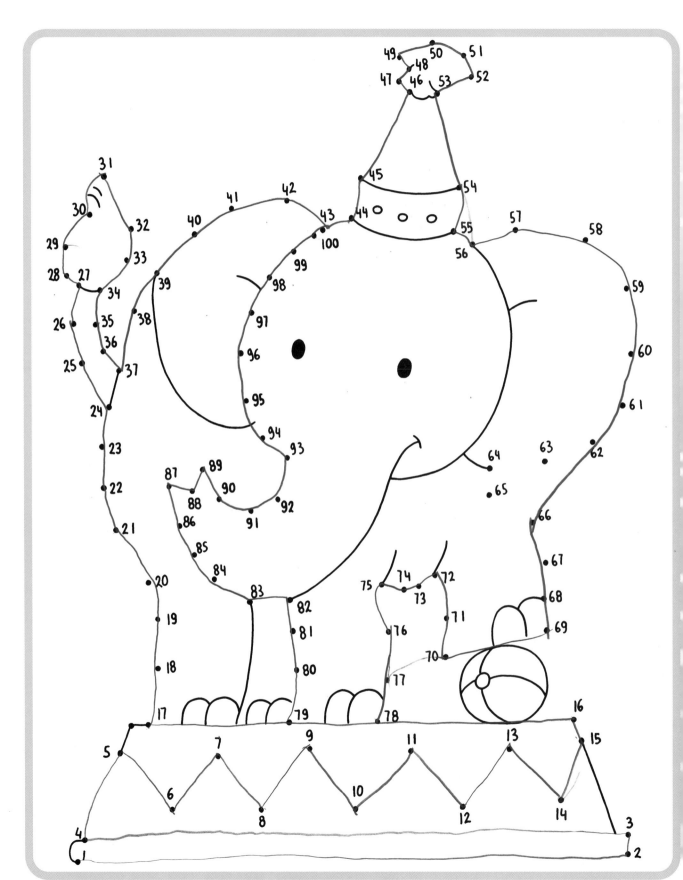

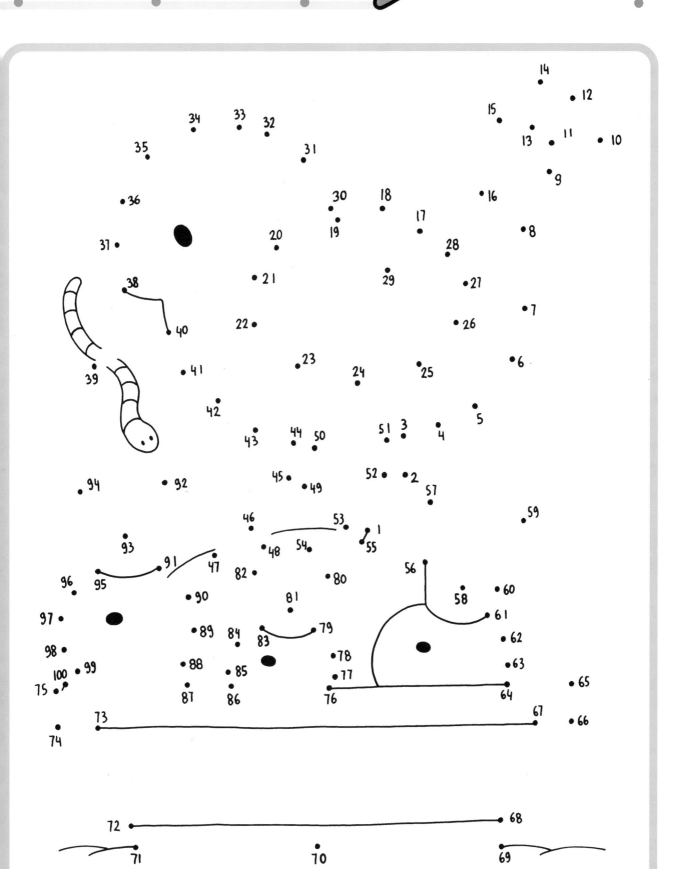

46
45
47
44
48
43
49
42
24
22
20
50
52 41
40
51
21
53 39
23
54 38
55
56
37
26 25
35
36
19
57
28
18
34
29 27
58
30
80
17
33 31
79
81
16
83
84
86
78
100
82
87
77
85
15
59 32
88
76
89
60
90
14
99
13
75
98
91
61
12
74
97
11
62
92
10
73
96
95 94
93
9
72
63
8
71
70
7
69
64
6
68
65
3 4
5
66
67 1
2

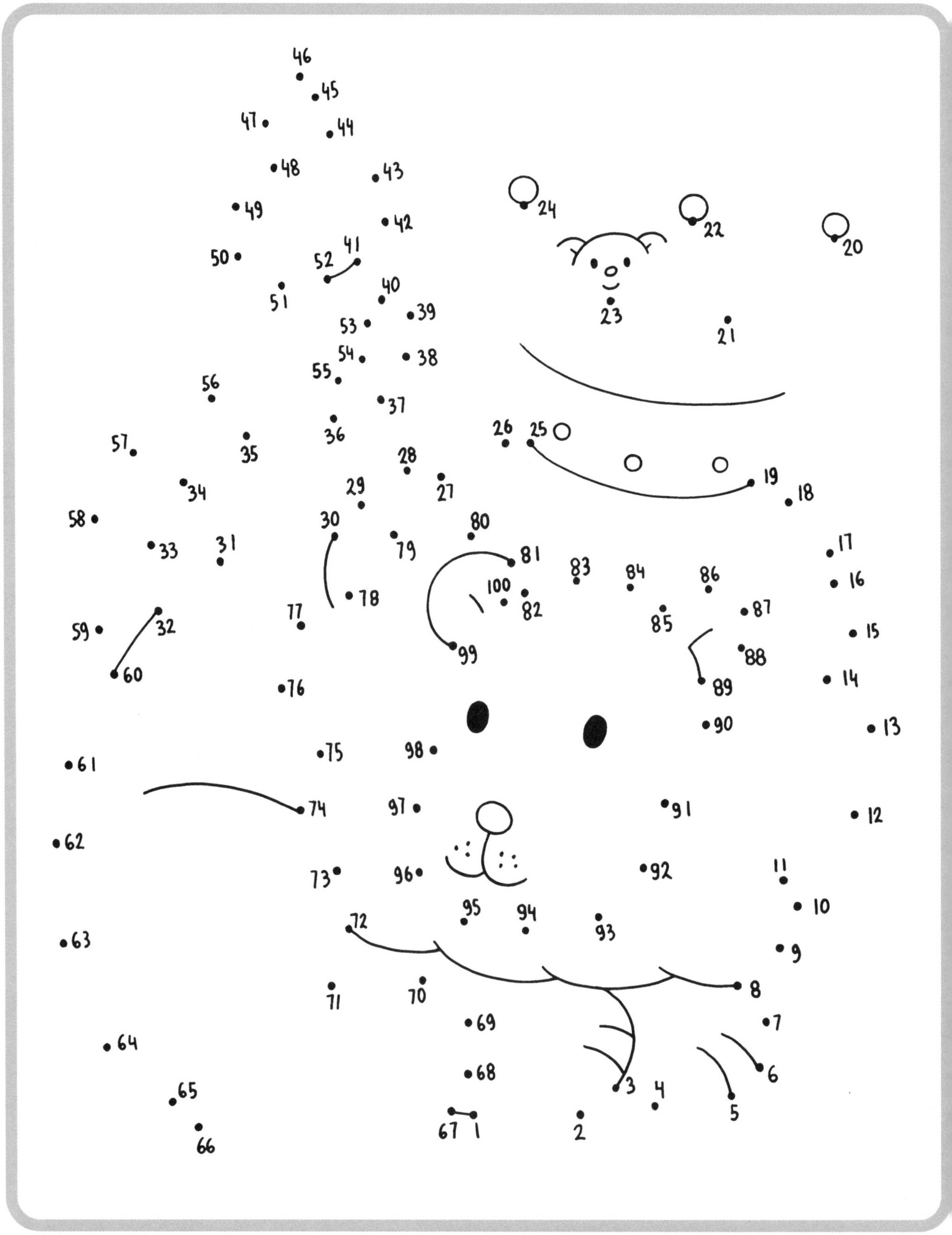

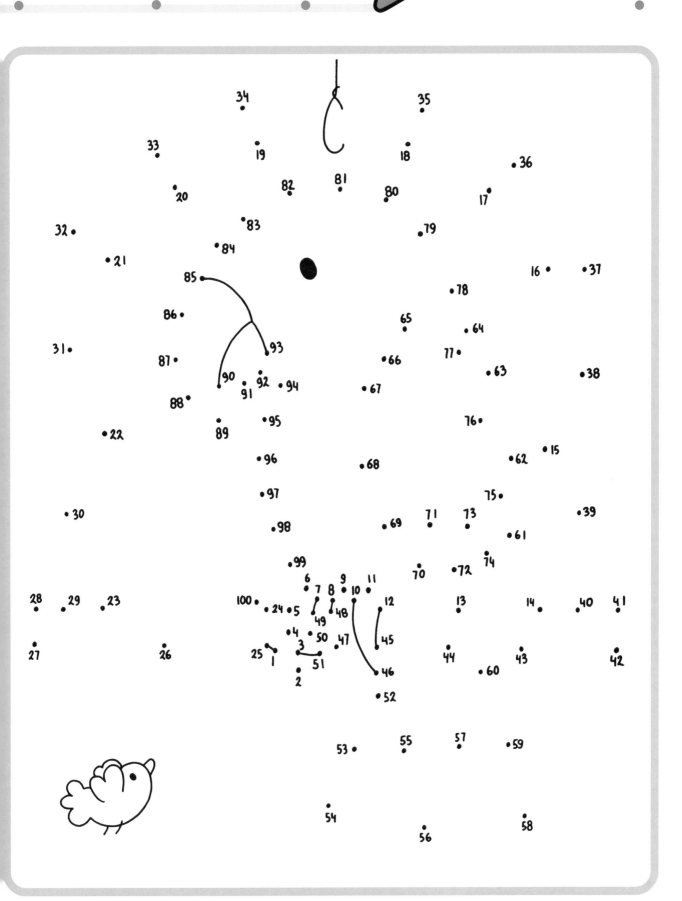

10 20 30 40 50 60

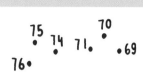

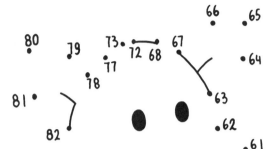

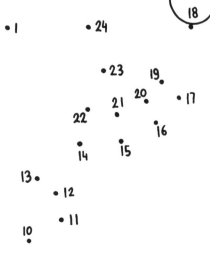

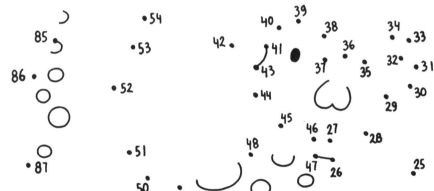

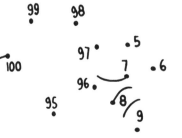

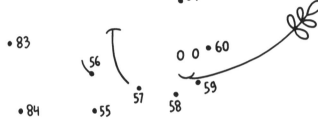

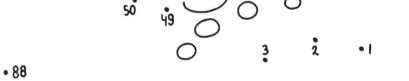

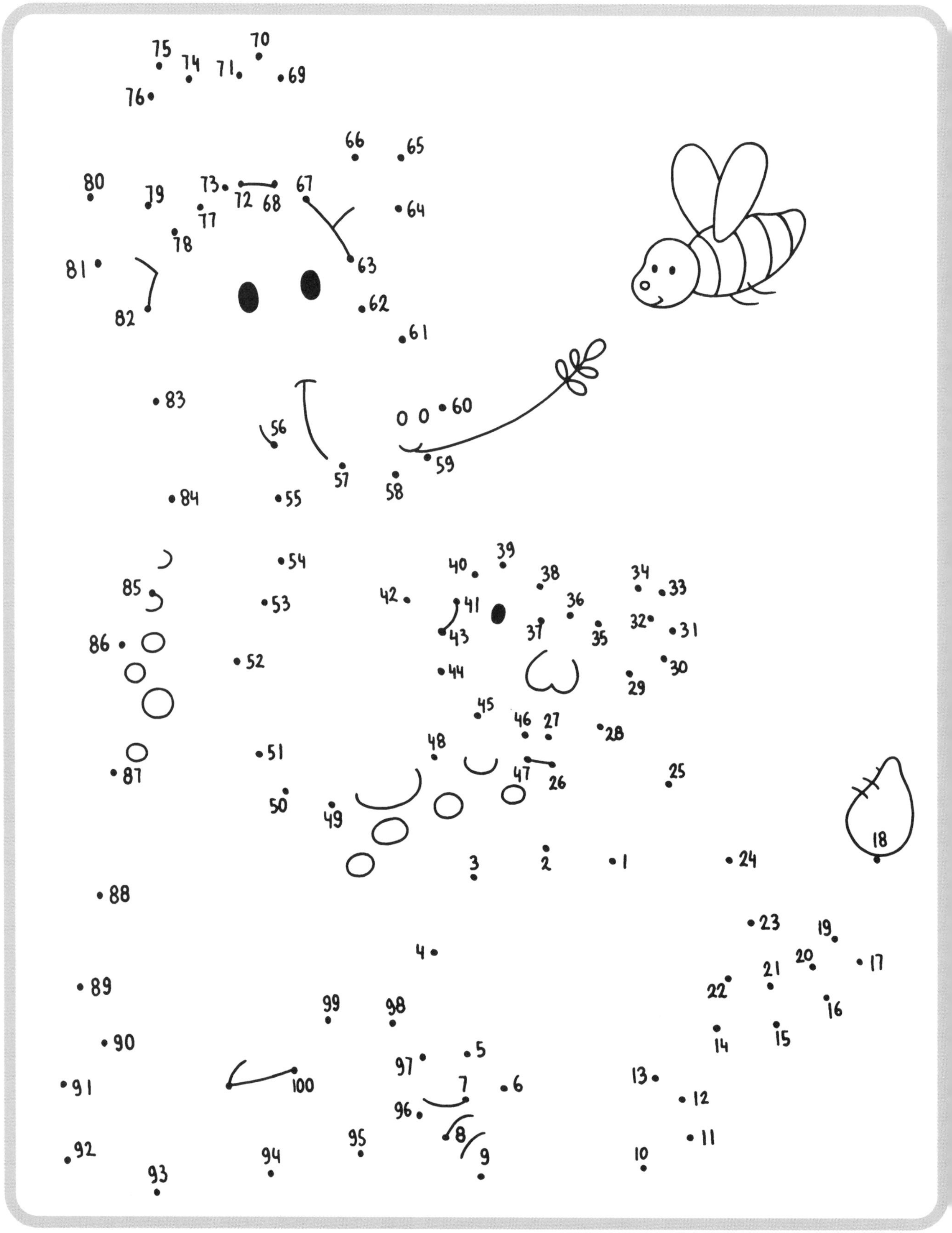

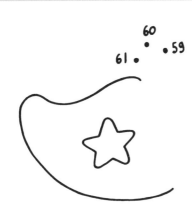
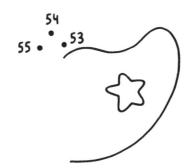
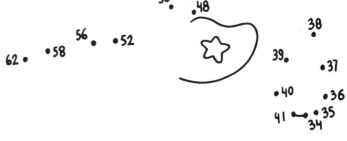
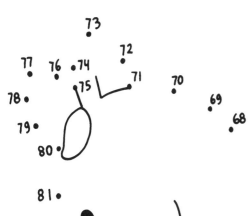
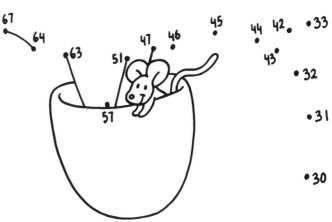
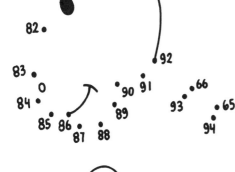

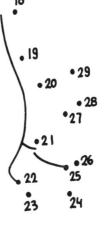

60
61 • • 59
54
55 • • 53

49
50 • 48
38
56 • 52
62 • • 58
39 • 37
• 40 • 36
41 34 35
73
72
77 76 74
71 70
75
69
78
68
79
67 45
80 64 47 46
44 42 • 33
63 51 43 • 32
81
• 31
82
92
30
83
O 90 91 66
84 93 65
85 86 89 94
87 88
95
1 16 17 18
19
96 • 2 • 15
97 • 3 • 14 20 29
98 • 4 • 13 28
27
12 21
99 5 11
10 22 26
100 6 25
7 8 9 23 24

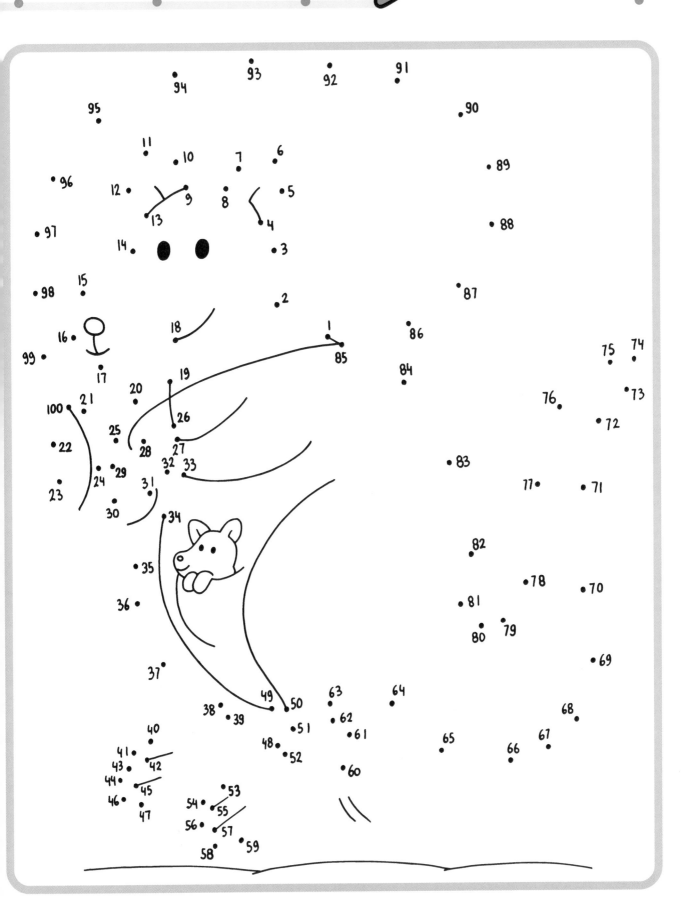

70   80   90   100

10 20 30 40 50 60

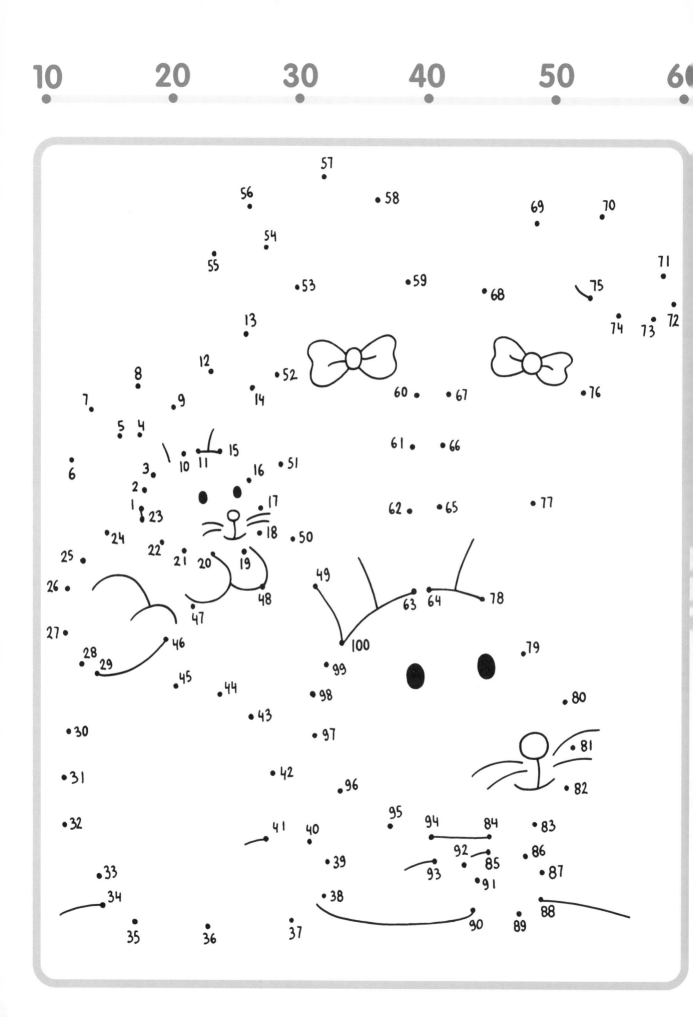

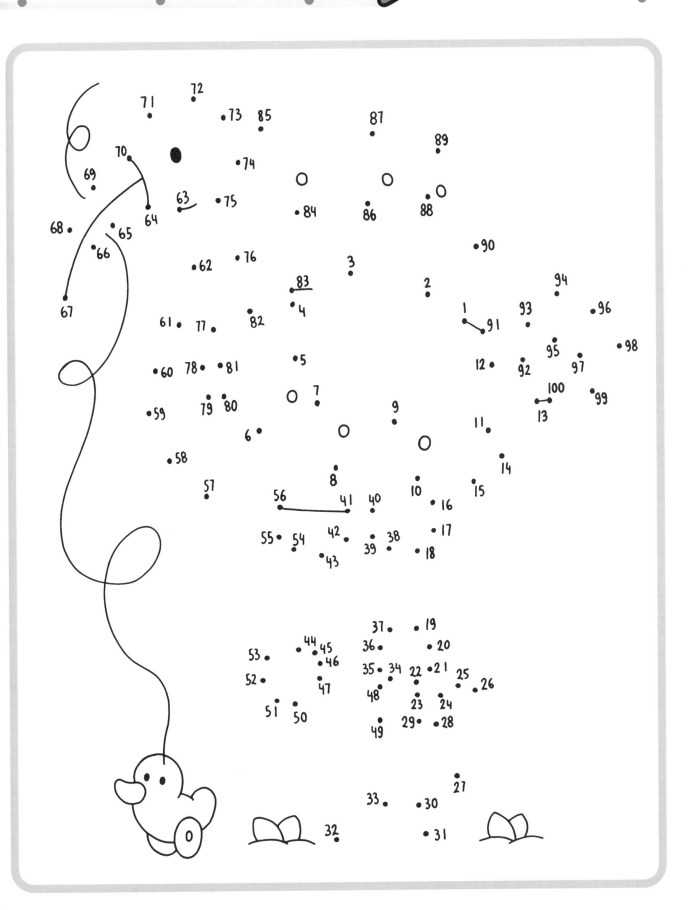

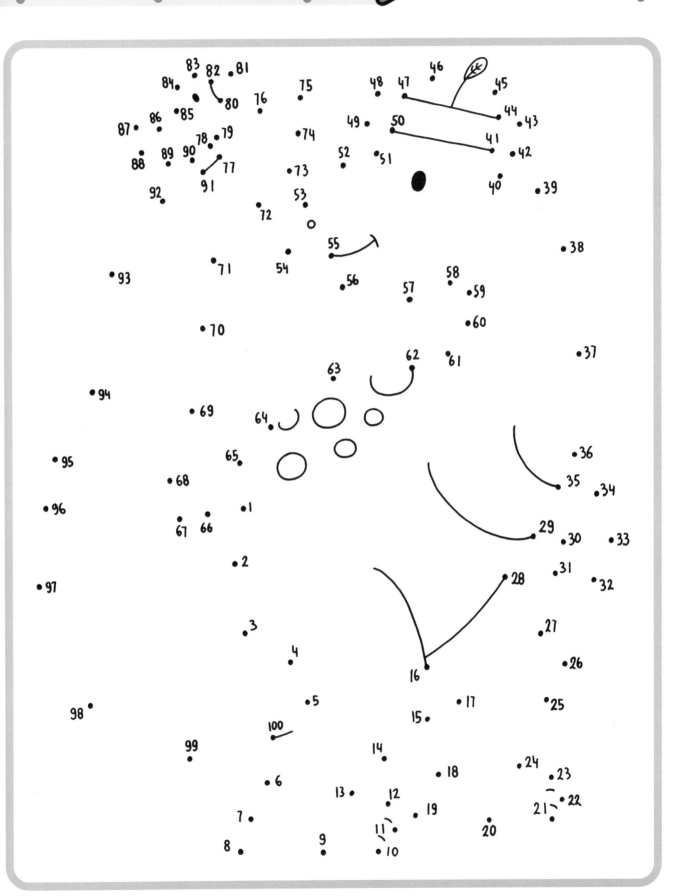

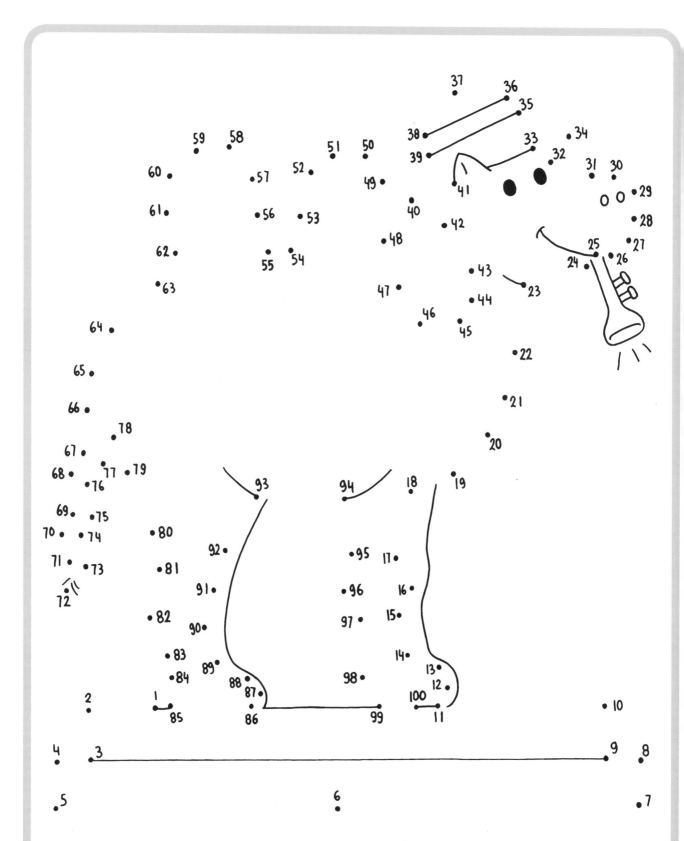

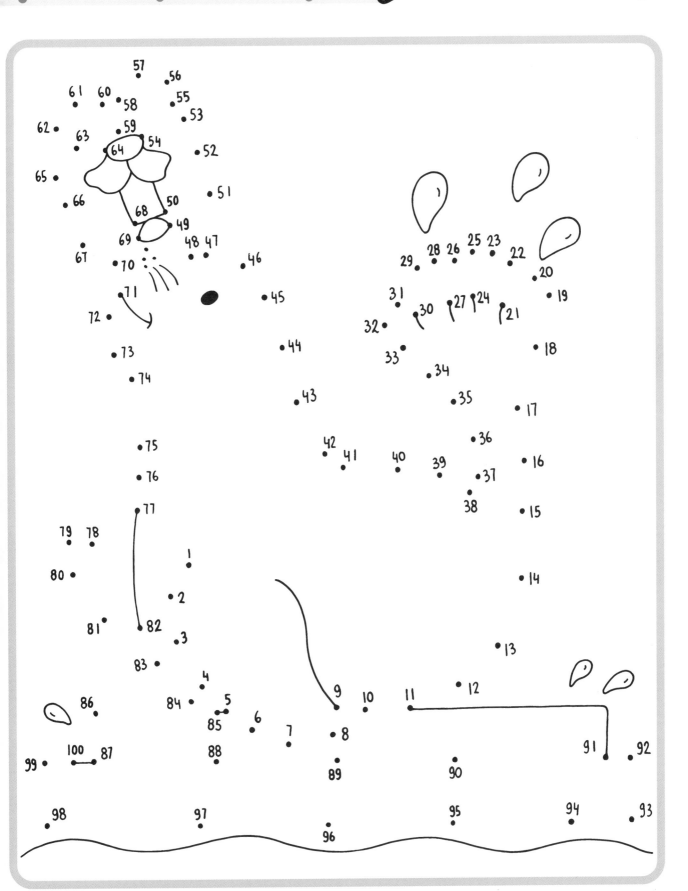

10 20 30 40 50 60

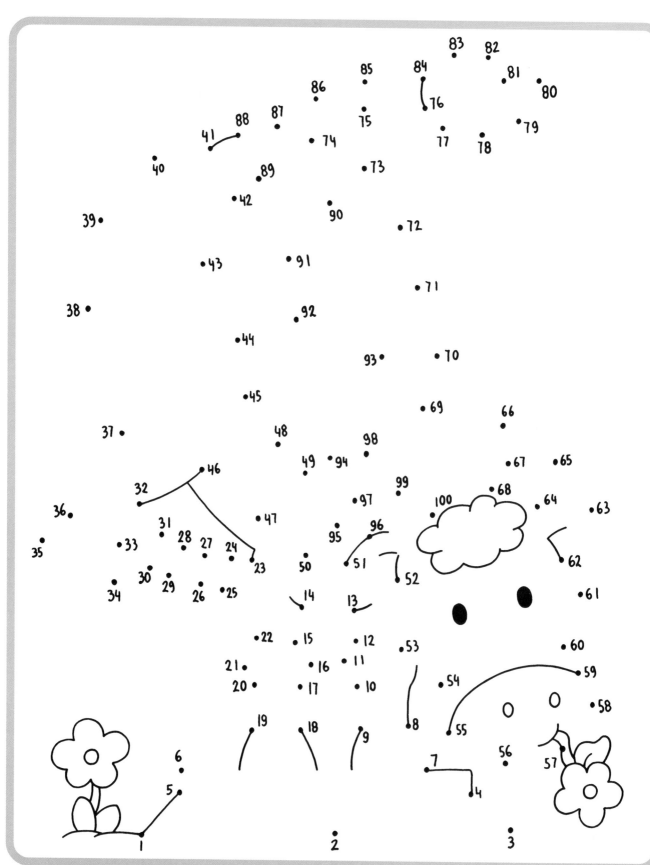

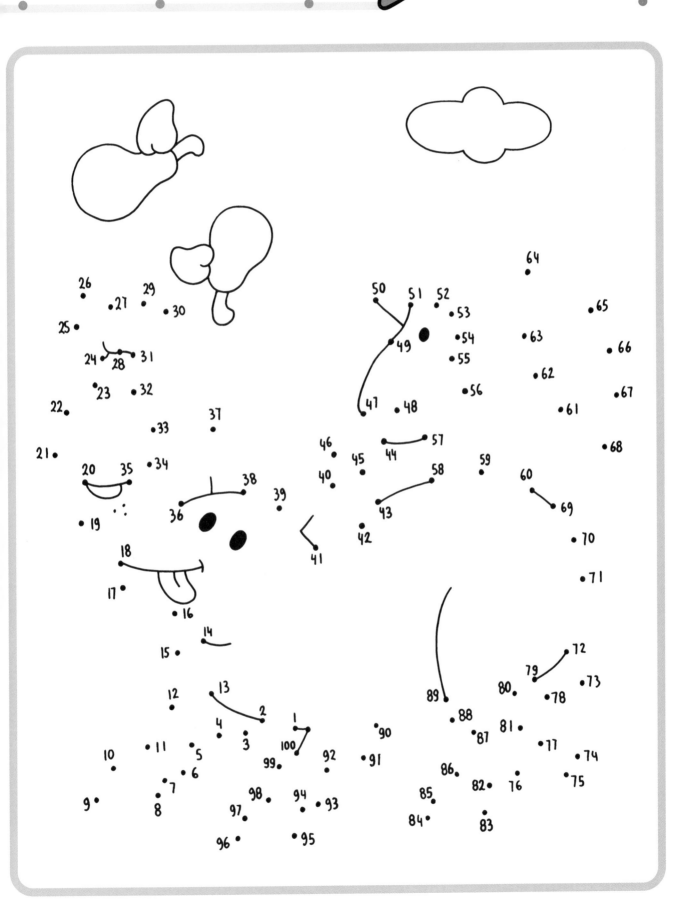

14　15　16　17　18

13　19

65　66

20

12　64　67　73　74　21　22　23　25

69　71

72　24

11　63　68　70　97　98　75　76　84　29　26

10　62　77　79　81　83　85　86　31

7　8　96　30

6　82　27

9　78　80　32　28

5　61　100　87　33

99　95　94　34

1　60　93　92

4　91

2　59　88　90

3　89　35

58　36

56　57

55　50　37

54　53　51

52　49　41　38

48　40

46　47　39

45　43　42

44

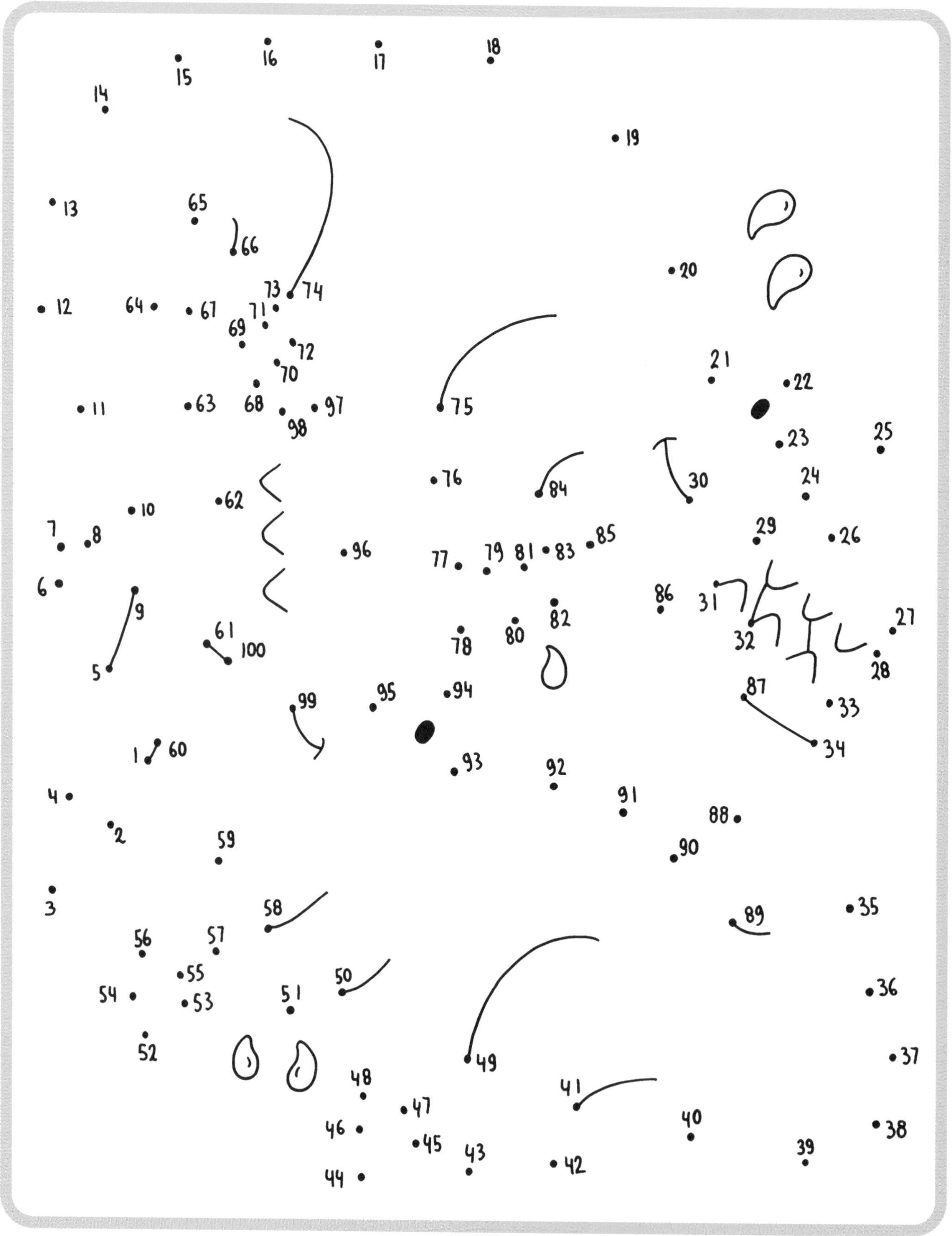

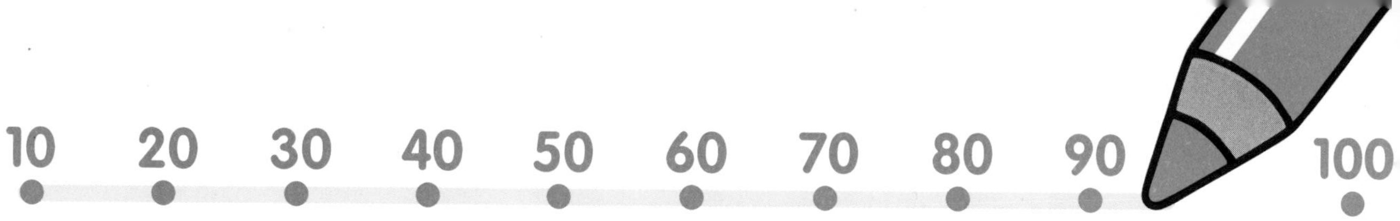

10 20 30 40 50 60 70 80 90 100

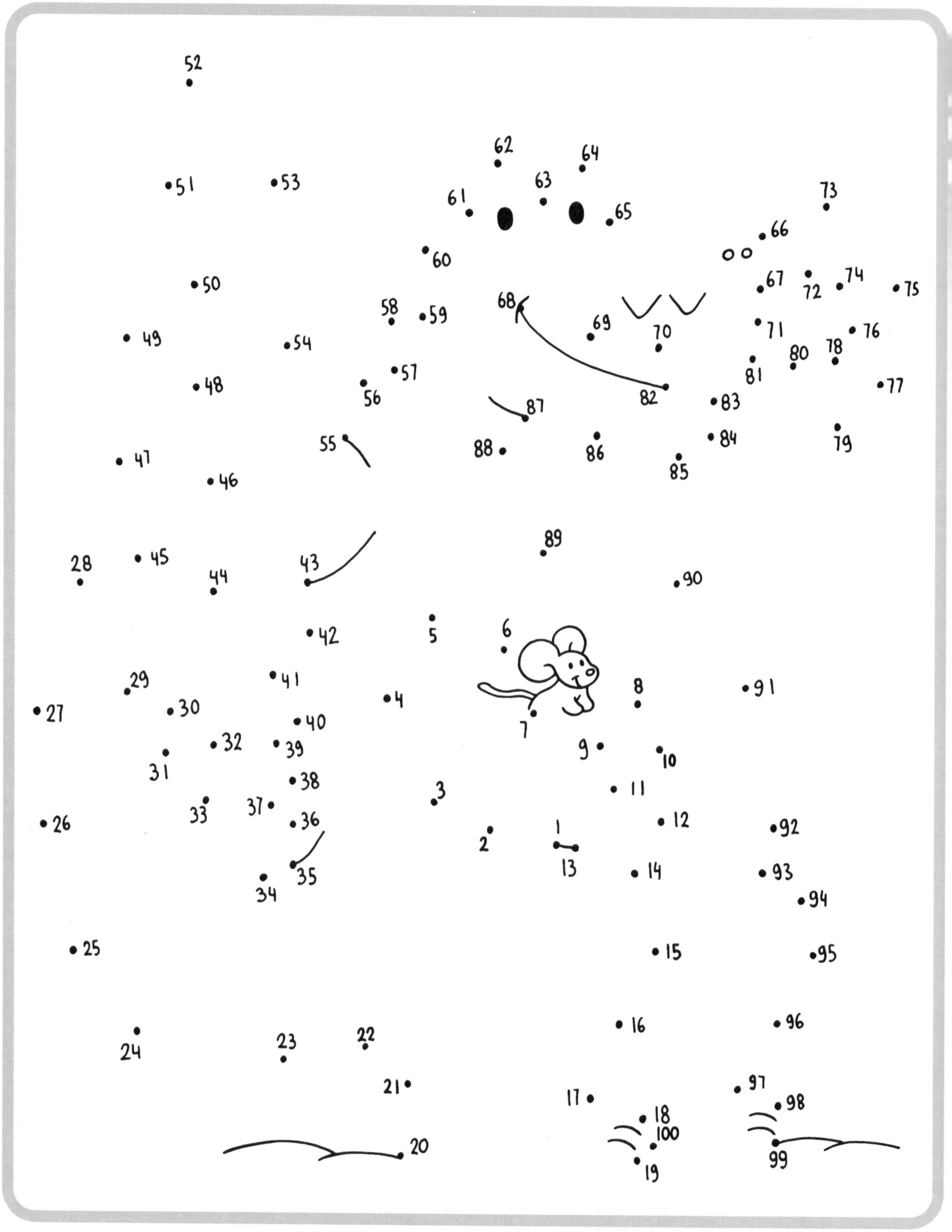

52
51 53   62   64
             61 63 65   73
                66
     50   60   67 72 74 75
            58 59   68   71 76
49   54   69 70   80 78
   48   57   56   71   77
                  82   81
47   87   83
   46   55   88   86   84
                        85
28 45   43   89
     44   90
          42   5   6
29   41   8   91
27   30   4   7
   32 39 40   9
31   38   10
   33 37 36   11
26   35   12 92
   34   13 14 93
                        94
25   15   95
24 23 22   16   96
     21   97
          20   17   18 98
                    100 99
                    19